民法はおもしろい

池田真朗

講談社現代新書

2186

はしがき

本書は、民法の本である。小さいけれども、欲張りな本である。

一般市民の目線に立って、法律というものを勉強したことのない市民の皆さんに、市民生活の基本法と呼ばれる民法の輪郭を理解してもらい、その面白さをわかっていただく、というのが本書執筆の最大の狙いであるのだが、本書の狙いはそこにとどまらない。

法学部やその他の学部で、民法を（半分いやいや）学びはじめている大学生の諸君、あるいは、昔民法はちょっとかじったので、一通りのことは知っているよ、という社会人の皆さんにも、そうか、こんなに面白いのか、と思っていただける本にしたいと考えた。

さらには、法律はしっかり勉強したし、仕事でも使っているし、いまさら入門書なんぞ読む必要はないよ、とおっしゃる方にも、なるほど歴史的に分析するとこういう読み解き方があるのか、今はこんな状況で、こういう改正の話になっているのか、それなら結構新しい面白さがあるね、と思える、そういう本を書きたい。

このように、さまざまな読者をターゲットにした、その意味でたいへん欲張りな本なのである。

あえて二兎も三兎も追う、その理由を問われると、民法の本なのにまずは音楽の話になる。

私は、一九七五年に法学部の助手に採用されて以来、民法の研究をつづけてきた。活字になった最初の民法の論文を書いたのは、それ以前の大学院修士一年のとき（一九七三年）であるから、そこから数えると、二〇一三年で満四〇年になる。

駆け出しの専任教員になってすぐに大学から派遣されて留学したのだが、一九七八年から七九年に、留学先のパリのシャンゼリゼ劇場で聴いた、世界屈指のバイオリニスト、故アイザック・スターン氏の演奏が、今も脳裏を離れない。じつは、曲名も、共演していたオーケストラのことも、すっかり忘れてしまっているのだが、魅了されたのは、彼の演奏ぶりである。

彼は、演奏の最中に、指揮者の横のお決まりの位置からどんどん舞台の前方に進み、客席に近づいて、聴衆に、「ここを聴いてください、どうですか、音楽って、こんなにいいものなのですよ、バイオリンはこれだけすばらしいものなのですよ」と語りかけるように、体全体を揺らしながら自在に愛器をあやつった。特にクラシックファンというわけでもない私にも、劇場全体がその紡ぎだす音に引きつけられ、恍惚《こうこつ》とした雰囲気になっていくのが感じとれたのである。

アイザック・スターン氏は、一九二〇年生まれということであるから、私がその演奏を聴いた当時は、五〇代の最後のころだった。演奏家としてもっとも円熟した、最高の時期だったのかもしれない。

もちろん、世界の名手にわが身を引き比べることは到底できないが、私も、民法という学問が好きで、面白くて、ここまでやってきた。それならば、その学問の面白さを、一般の方にわかりやすく伝えることが、私なりにできなければいけないはずである。

そのうえ、それをしなければいけない理由が、この民法という法律には、ある。

民法は、人が生まれてから死ぬまでの活動のすべてにかかわる、市民生活の基本法である。そうであれば、民法を研究する学者は、高尚な「民法学」を語るだけではなく、市民に対して、民法というものをわかりやすく伝える、それも、上からの目線で「教授する、理解させる」というのではなくて、市民の見方に立って、共に考えながら理解を深めてもらう、という作業をしなければならないはずである。

そこで本書の意図をまとめると、「一般市民の目線に立って、民法という法律の輪郭をとらえ、それを歴史と市民文化の発展のプロセスのなかで理解しながら、その面白さを発見し、さらに現代の日本民法の持つ問題を共に考えようとするものである」ということになる（ひとこと読者にお断りをしておくと、本書は「市民目線」という表現を、市民層の見方や発想に立って、というような意味で用いている。「目線」という言葉は、元は映画やテレビの業界用語で、年配の方々にはあまりいい印象がない用語法かもしれないが、従来の「視点」「立場」という言葉よりも現代的な用語感覚に合うと考えてあえて使ったものである）。

ただ、そこでのポイントは、「一般市民」なる存在の多様性にある。つまり、多様なレベルの一般市民に対して、多様なレベルの（多様な深さの）「面白さ」が提供されなければならないはずである。そこを考えて、先に述べたように具体的なさまざまな読者層の設定をした（もちろん、男女は平等。本書では、子育て中の主婦や主夫等、それを前提にした読者設定をしている）。それぞれの読者に、それぞれの満足をしていただけること、というのが、本書の究極の目標ということになる。

その目標がどれだけ達成できているかは、読者の皆さんの評価を待つしかない。けれども、ここで言えることは、市民の基本法である民法は、それ自体が、市民の多様な活動に対処できるように多様性と柔軟性を持って作られていること、そして、さらにその多様性と柔軟性を市民自体が上手に生かすことが、民法を使いこなす（そして、民法を生かす）ことにつながっている、ということである。

それゆえ、学者の目で見てすばらしい民法が良い民法なのではない。自己決定、自己責任の生活態度を取れる市民を得て、それらの市民に理解してもらえ、使いこなしてもらえる民法が、一番良い民法なのである。

さまざまなリスクに囲まれた現代社会で、市民の幸福や安心・安全な生活の実現のために民法を究め、その成果を市民に還元して、一人ひとりの幸福をより大きなものとし、安心・安全な生活をより長く送っていただく。それが、民法学者の使命ではないかと私は思っている。本書が、ささやかながらその使命の実現の一端を担うものになれば、著者としてこれに勝る喜びはない。

本書執筆に当たっては、講談社現代新書出版部の所澤淳さんにたいへんにお世話になった。じつは、この企画を最初に持ち込んでくださったのは、もう七、八年も前のことである。私が民法の面白さを伝えられるところまで成長するのに、また民法典とそれを取り巻く状況が「面白く」なるのに、ちょうどそれだけの年月がかかった、と言い訳をしつつ、辛抱強いご支援をいただいたことに、心からの御礼を申し上げたい。

二〇一二年一一月

池田 真朗

【追記】二〇二五年の第九刷において、その後の民法の主要な改正を反映する修正をした。

目次

序章　民法のイメージ

「堅苦しい」「できればかかわりたくない」……？

　読者の皆さんは、法律というものにどういうイメージを持っているだろうか。「堅苦しい」「できればかかわりたくない」「守らないと警察に捕まる」「知らなくても普通に生活していれば大丈夫」などというのが一般に多い回答かもしれない。実際、法律のなかには、たしかにそれらのイメージがかなり当たっているものもある。けれども、本書が扱う「民法」の世界は、じつはそれらの印象がすべて違っているといってもよい、正反対のものなのである。

　すなわち、民法の世界というのは、ちっとも堅苦しい話ではないし、かかわりたくなくても必然的にかかわってしまっているもので、また何より守らなくても警察には捕まらないし、しかし知らないと大損をしたり人生がめちゃくちゃになることさえあるものなのである。だから、この先は、「法律」についての固定観念のようなものにとらわれないで本書を読んでいただきたい。

法律（学）を教える「目線」

　これは日本だけのことではないのかもしれないが、少なくとも我が国ではこれまで、法律ないし法律学を「教授する」ということが、どうも権威主義的なスタイルでなされていたり、高尚な教養主義で彩られた文章で語られてきたような気がしてならない。けれども、法のなかでも特に民法が対象とする主体は、一般の市民なのである。一般の市民が、自由に、平穏に、幸福に暮らせるための法律を教えるのに、「教えてやる」という人を見下したような態度で教授することが不適切なのはもちろんのこと、市民がわからないような言葉や概念をひけらかして教えるのももってのほかである。

そこで本書では、できるかぎり、市民の、つまり世の中で普通の暮らしをしている人びとの目線で、語っていくことにしたい。したがって、たとえば大学の法学部を卒業した方々にはやさしすぎる説明も出てくるかもしれないが、それはご容赦いただきたい。それとて法学教育をまったく受けていない人には難しい話なのかもしれないのである。

法律、ことに民法の学習に一番大切なのは、価値の（ないしは価値観の）相対性を認めること、もっとやさしく言うと、「相手の立場に立って物事を考えること」である。本書の解説が平易すぎると感じる方は、ご自分が、私の想定する「一般市民」よりも法律ないし法律学に詳しい人間なのだと思っていただきたい。また、もし、本書のたとえ話等の格調が低い、などと感じる人は、それが私の考える市民文化の世界の基準なのだと了解していただきたいのである。

生存のための教育――現代版「学問のすゝめ」をめざして

福澤諭吉《ふくざわゆきち》の書いた明治初期の啓蒙書『学問のすゝめ』は、我が国の歴史のなかでも、もっとも市民教育に効果のあった書物と言えるかもしれない。さて、その本が、

「天は人の上に人を造らず人の下に人を造らずと言へり」

という一文ではじまっているのは、ひじょうによく知られている。しかし、その後に、「それなのに人に差がついてしまうのは、学問をするかしないかによるのだ」という意味の文章がつづいていることは、じつはあまり知られていない。私は、この学問の効用ともいうべきものを大事にしたいのである。

もちろんそれは、学問をして、人に差をつけ、出世をして、金持ちになる、という意味ではない。この現代の、情報が氾濫《はんらん》し危険が蔓延《まんえん》する世の中を、私たちが安心して安全に生きていくこと、そして結果としてより幸福な人生を送れること、のために学問（すなわち、ある分野についての体系的な学び）が不可欠であると言いたいのである。

それは決して専門教育としての学問ではない。教養教育、といってもいささかお高くとまっているニュアンスがあるかもしれない。もっと卑近な、生活のための、おおげさに言えば生存のための教育、がもっとも大切なのではなかろうか。もちろん、人間形成のため

には「役に立つ」教育などを追い求めてはいけない、という声もあろう。それもまた、深い意味での人格の陶冶《とうや》を考えた場合には、的を射た見解と思われる。けれども私には、教育は何より人を幸せにするためのものだ、という信念がある。教育は、その基準に照らして「役に立つ」ものでなければならないと思っているのである。

民法は、まさに、人びとの生活に密着した、そして人びとが生まれてから死ぬまでの一生にかかわる法律である。そうであれば、民法を学ぶことはすなわち、人生を幸福に送るために役に立つものでなければならないはずである。だから、本書は、そういう書物になっていなければならないのである。私のこの意図が達成できているかどうか、読者の皆さんには、ぜひ本書を最後まで読み切って判断していただきたい。

ゆりかごから墓場まで

この社会に多数存在する法律のなかで、個人と個人、あるいは個人と法人（会社など）との関係を規律するものは、私法という分野に分類される。この私法分野の基本法が、人が生まれてから死ぬまでの一生にかかわる、民法である。これは、憲法や、刑法、行政法などの公法分野の法も含めたすべての法律のなかで、大学の法学部では、おそらくどこでも最大の時間を使って教えられるものである。

人の一生については、「ゆりかごから墓場まで」という表現があるが、民法は、もっとすごい。正確に言うと、ゆりかごの前の胎児のところから、死後の財産の処分など（相続、遺言）のところまでを守備範囲にしている。胎児の話はどういうことかというと、民法八八六条①項に「胎児は、相続については、既に生まれたものとみなす」という規定があって、たとえば母親のおなかのなかにいるうちに父親が交通事故で亡くなった、という場合には、その後で生まれてきた赤ちゃんには、生まれていた子と同じように考えて相続の権利などを認める、ということにしているのである。

こういう、親子とか結婚（法律用語では婚姻）とか相続とかを扱うのは、日本の民法典（大きな法律を法典と呼ぶことがある）では、後半の第四編「親族」と第五編「相続」の部分で、これを家族法と呼ぶ（家族法というのは法律の名前ではなく、民法のなかの分野についての表現である）。一方、前半の第一編「総則」、第二編「物権」、第三編「債権」というのが、家族法と対比して財産法と呼ばれる部分である。

民法の「いま」と「なぜ」

じつはその民法の、第三編「債権」を中心とした契約関係の部分は、二〇一二年の段階で、全面改正審議のただ中にある（詳しくはまた後で触れる）。しかしながら、一般の市民のどれくらいの人が、そういう動きを知っているだろうか。学者の提案を中心にはじまった改正審議は、弁護士や消費者団体などにかなり多くの議論を呼んではいる。しかし、圧倒的多数の国民は、そんな審議がされていることなど、まったく無関心であろう。文字通り「コップのなかの嵐」で議論が進んできたようである。けれども、じつはこの民法改正は、やり方によってはひじょうに大きな影響を取引社会や市民の日常生活にもたらすかもしれないものなのである。

なぜこのような重要な法改正論議が、いつになっても「コップのなかの嵐」なのだろうか。というより、そもそも、その民法なるものはどういうものなのか、そのどこがどうして問題になっているのか、そこからわからせてくれないと何も反応できない、というのが市民の声であろう。

さらに言えば、法律の本はどれも面白くない、別に読みたくもないし必要も感じない、などなど、民法ないし法律全般に対する一般市民の疑問と無関心の種は尽きないように思われる。

それらの「なぜ」にひとつずつ答えながら、本書を進行させよう。著者としては、行き着く結論は、「じつは民法はこんなに面白い」というところでありたいと考えている。そのためには、民法のことを何も知らない読者にもわかるように、極力意味のわからない専門用語を使わないようにして記述をしたい。逆に、民法の専門用語でなんというかを知ってもらう場合には、それを本文中で太字にして表記し、必要があれば簡単に定義をしていくことにする。

法律の話はなぜ面白くないのか

そもそもなぜ法律の話は面白くないのか。おそらくその大きな理由は、法律ないし法律学というものが、「権威」と結びついていて、一般市民の「発想」とか「工夫」とかと無縁のものだから、ではないだろうか。

たとえば、同じ文系の学問でも、経営学とくらべてみるとよくわかる。近年の大ベストセラー本に、『もし高校野球の女子マネージャーがドラッカーの「マネジメント」を読んだら』(岩崎夏海、ダイヤモンド社)があり、さらに、宣伝もしないのに大行列を作る人気ラーメン店から経営学の基本を学ぶ『ラーメン二郎にまなぶ経営学』(牧田幸裕、東洋経済新報社)などという本まで出されている。これらは、市民が、高校野球の女子マネージャーを思い浮かべたり、行列して大盛りラーメンを食べる大学生やサラリーマンになりきって読みながら、その学問の基礎を学べるという書物である。こういう書物が成り立ち、またヒットするのは、著者の手腕もさることながら、その経営学という学問が、ユニークな着眼や自由な発想と結びついているからではなかろうか。

それに対して法律学は、決められたルールを学ぶものだから、勝手な着眼や発想はご法度で、しかもそれを作ったお役人や大学者、つまり世の中の「権威」とされる人のご高説をひたすら受け入れるしかないものだから、読んでいても（主人公に感情移入などということはもちろん絶対なくて）ちっとも面白くない、ということになるのかもしれない。

決められたルールを守らなくてもいい法律

しかし、ちょっと待ってほしい。決められたルールを守る、というけれど、法律はすべて「おカミが決めたルールを守らなければならない」ものなのだろうか。何事も権威者の言うとおりにすべきものであって、当事者の着眼や発想とはまったく無縁のものなのだろうか。

そうではない。じつは、条文に書いてあるルールを守らなくてもいい（守らなくても警察に捕まることはない）法律が、この世にはある。と言ったら、多くの市民は、そんな法律があるものか、と言うかもしれない。しかし、実際に存在する。それが、まさにこの民法なのである。現在施行されている日本民法には、罰則規定は存在しない。守らなくても、（相手方から損害賠償を請求されることはあっても）警察には捕まらないのである。

それどころか、民法は、条文に書いてあることと違うことをしていい（自分たちで違うことを取り決めていい）という部分が結構ある。条文に書いてあることと違うことをしていい、というのは、正確に言えば、民法の契約を中心とした部分である。そこでは、**任意規定**といって、法律に書いてあることと違うルールを、自分たちで（**公序良俗違反**すなわち公の秩序や善良の風俗に反するような反社会的なルールでなければ）自由に作れて、その自由に作ったルールが法律に優先するという規定（民法九一条）がたくさんある（なお、刑法など、規定の通りに守らなければいけないものは**強行規定**という。民法のなかでも、後に第三章で述べる所有権など「物権」の規定は、ルール作りの相手方だけを規律する契約の規定とちがって、世間の誰に対しても主張できるものであるから、強行規定となっている）。だから、その部分では、まさに市民の「着眼」も「発想」も生きるのである。

私法の木

多くの読者は、「この木何の木……」というコマーシャルソングをご存知だろう。あのCMに出てくるような、枝を四方八方に伸ばした、大きな木をイメージしてほしい。私法分野でいえば、その真ん中の幹にあたるのが、民法なのである。商法も、会社法も、手形法も、消費者契約法も、借地借家法も、製造物責任法も、この民法の幹から出ている枝と思ってくれればいい。さらに、別の考え方もあるが、労働契約法や特定商取引法（かつての訪問販売法）なども、この枝と考えていい（民法を中心に「民事法」という木を考え、労働法は「社会法」という別の木とする考え方もあるし、特定商取引法については、「経済法」あるいは「消費者法」という別の木という考え方もあるが、それらすべてを広く一本の「私法」の木とするならば、民法がその幹にあたるのである）。

特別法と一般法

この「幹」と「枝」は、単なるイメージの話ではない。たとえば、日常生活でもっとも頻繁におこなわれる売買契約を考えてみよう。売買契約というとえらそうに聞こえるかもしれないが、退職金をはたいて家を買うのも、駅の売店で週刊誌を買うのも、同じ売買契約である。

この売買契約については、民法がまず原則のルールを定めている（といっても後でまた**契約自由の原則**で説明するように、民法が定めているルールよりも当事者の作ったルールが優先するのであるが、当事者が決めておかなかったことについては、民法のルールが補充的に働くのである）。けれども、民法には、当事者が誰であってもあてはまる、普遍的・一般的なルールが書いてある。しかしそれがたとえば商人同士の契約であれば、当然原則のルールが変わるだろうということは、読者の皆さんにも想像がつくのではなかろうか。

民法の売買契約と商法の売買契約

つまり、たとえば商法五二六条では、商人間の売買において、買主は、その売買の目的物を受領したときは、遅滞なく、その物を検査しなければいけないこと、そしてそれがキズ物だったり（法律では「瑕疵《かし》がある」という）、数量が不足していることを発見したときは、直ちにそれを売主に対して通知しなければ、契約の解除や代金減額や損害賠償の請求をすることができないこと、を定めている。けれども、民法にはそんな規定はない。市民が買い物をしたらすぐに検査する義務があるとか、検査の結果を通知しなければ損害賠償もしてもらえない、などという世の中であるはずがない。商人だからこそそういう義務が課せられるのである。

では民法には何と書いてあるのか。もちろん、六法を調べて答えを知ろうとされるのも結構なのだが、その前に、考えてみるのが大事である。そして、大方の読者の予想が結構当たるのが民法なのである。ということは、民法は大体において、皆さんが常識的にそうだろうと思うことを規定しているのである。

つまり、商人だったら、仕入れた物をすぐに調べて、不具合や数の不足があったら売主に文句を言わなければいけないだろうが、一般の市民はそんなことまでする必要はないはずだ。買ったときにちょっと見たところでは気がつかないキズや欠陥があって、使っているうちにそれに気がついたのなら、そんなに日が経っていなければ文句を言っていいのではないのか。もちろん、たとえば食べ物なら、腐っていたなどというのは何ヵ月も経ってから文句を言うのも不適切だろうが、買った家の欠陥などというのは、半年やそこら過ぎてから見つかることもあるのだから、しばらく後になっても文句を言えてしかるべきだ、とこういうふうに考えていただけたのなら、それでたいへん結構なのである。

実際、民法は、売買の目的物が種類、品質、または数量に関して契約の内容に適合しないものであるときは、売主に対して、目的物の修補、代替物の引渡しまたは不足分の引渡しによる履行の追完を請求でき、それに売主が応じないとか、追完ができない場合には、買主は代金の減額を請求できると規定している（民法五六二条以下）。なお、以上の請求は、買主がその不適合を知った時から一年以内にその旨を売主に通知しないと請求ができなくなる。こういうものを法律用語では「**契約不適合責任**」という。

「幹」である民法を学ぶ意味

そうすると、先ほどの幹と枝の話に戻ると、まず民法の「幹」の規定というのは、当事者や状況による制限のない原則ルールで、「枝」の商法というのは、商人のする売買という、当事者を限定した「それ向き」の規定を作っているということなのである。したがって、枝の法律にそれ向きの特別の規定があるときは、まずその特別の規定を当てはめなさい、特別の規定がないときは、幹に戻って一般のルールを使ってください、というのが法律の基本的なやり方なのである。これを、「特別法が一般法に優先する」という。何も特別法がえらいわけではなく、適用の順序を言っているわけで、売買契約に関しては、商法が民法の特別法、ということになる。だから、幹である民法を学ぶことは、「私法の木」にあるすべての枝の法律を学ぶ基本になる、というわけである。

なぜ法律学にはノーベル賞がないのか

具体的に民法の話をはじめる前に、もう少し、法律と、学問としての法律学についてイメージを持っておきたい。いささか非論理的な問いかけになるが、なぜ法律学にはノーベル賞がないのだろうか。文科系の学問でも、そもそも文学賞があり、経済学賞もある。そして法学は、中世の西ヨーロッパにおける大学では、神学（聖職者の養成）・医学（医師の養成）さらに哲学と並んで、初期から教えられてきた伝統的な学問分野なのである。

いくつかの答えが考えられる。もちろん、実際にはノーベル財団の意向によって決まる話、というのが立派な答えではあろうが、ひとつには、やはり法律は各国それぞれに異なるもので、国際的に優劣を評価する基準が立てにくいということも挙げられよう。しかしそれよりも、理科系の学問と異なって、飛躍的にその学問分野を発展させるような発明発見とは無縁であることが挙げられるのではないだろうか。

理科系の分野でも、学問の発展はすべて先人の業績の上に築かれるものではあろうが、法律学はことにそれが顕著であるように思われる。つまり、フランス、ドイツ、日本などの**成文法**の国（いわゆる六法全書が存在する国。これに対してイギリスやアメリカは、近年法典化されている分野もあるが、基本的には判例の積み重ねでやっていくので、不文法〈判例法〉の国と呼ばれる）の場合は、まず各法律の条文があり、その不足部分を埋める判例法理の蓄積があり、さらにそれらに修正発展を促す学説があり、ということで、法律学の発展に寄与する者は、学者にしろ、裁判官や弁護士にしろ、先人の築いたケルンにまさにひとつずつ石を積む、地道な作業をくりかえしていかなければならないのである。

したがって、事柄の本質からして、この人のこの研究、というかたちで名指しで顕彰されるものはそう多くないのである（そうはいっても、各国・各分野の法律学の発展のなかで、特定の研究がその後の同じ分野の研究の方向性に大きく影響を与えたり、常識と思われてきたことに再検討を迫ったり、ということは大いにある。しかしそれらもほぼ各国法の枠のなかの話であって、世界標準の問題意識から客観的に評価できるというケースはあまり多くはないと思われる)。

法律学は「科学」か？

もうひとつ、法律学は科学であるか、という難しい問題についても若干議論しておく必要があるだろう。もしここで科学の定義を、自然科学のように、客観的に検証が可能なもの、数式化して答えがひとつに(あるいは特定のいくつかに)決まるもの、と考えるならば、法律学は、その意味の科学とは言い難い。

つまり、法律学は、こうするべきだ、こうするほうがいい、こうしてはいけない、などという、価値判断を含んだ、規範学の性質を持つものだからである。その意味では、法律学における最適解というものは、おそらく時代と社会状況によって変わりうるし、国民性によっても変わりうるものである。それどころか、望まれる解答がひとつに決まらず、複数存在するということもありうる。

また、価値の主観性、相対性を認めるという意味で、法学は、倫理学や、哲学に接近する(さらに私個人は、ときに不条理な行動をする人間が、そういう人間を律するルールを作るという観点からは、文学的な素養からの理解が必要不可欠と考えている)。いずれにしても、距離感という言い方をすれば、経済学（近代経済学）などのほうがいわゆる自然科学に相当近い感じがすることは異論のないところであろう。

ちなみに、学者の国会といわれる日本学術会議は、その英訳がScience Council of Japanというのだが、そこに文系・理系すべての分野の学者が集っている。そうすると、Scienceが広く「学術」という意味であればしっくりくるのだが、Scienceイコール「科学」（自然科学のような客観的検証可能性を持つもの）ということになると、文学や法学などはどうもピンとこない、というのが一般の人の印象ではないだろうか。とにかく、たとえば理系の勉強をしてきた人たちは、法学のこの「価値判断」や「規範性」を含んだ学問、というところに最初は抵抗を感じるかもしれない。

毛利さんのサイエンスカフェ

日本学術会議では、学術について一般の人に理解を広めるという目的で、数年前から、サイエンスカフェという試みをおこなっている。まさに、街なかの会場などで、お茶を飲みながら、やさしく科学の解説をしたり効用を説いたりする企画である。当初これを熱心に担当していたのが、元宇宙飛行士の毛利衛《もうりまもる》さんだった。たしかに、毛利さんにお茶を飲みながらやさしく宇宙のしくみを説いてもらえるのだったら、参加したいという一般の人は多いだろう。宇宙船のスライドでも見せてもらえるのならなおさらである。

　何が言いたいかといえば、お茶を飲みながらやさしく民法のしくみや改正の話をしますから、と言って、一般の人がどれだけ集まるか、ということである。加えて、法律の話ではなかなかスライドやビデオで引きつけることもできない。実際、残念ながら我々学術会議法学委員会のメンバーでは、サイエンスカフェを企画することはほとんどできていない。

法律学と言葉の世界

　しかしそれでも、と言おうか、それだから、と言うべきか、我々法学者は、あくまでも言葉の世界で勝負しなければならないのである。息をのむ自然現象のビデオも、見事な模様を描く実験画面も、手品のような化学反応の実演も、数式を使っての証明も、法律の世界とは無縁である。視聴覚教育に一番なじみにくい部類の学問ともいえる。権利の主張も、相手方からの抗弁（相手の主張する事実を前提としつつ、その結論と異なる結論となることを主張すること）も、裁判における弁論も、そして判決も、さらにそれを批評する学者の判例評釈も、それらをひっくるめて説く教科書や体系書も、すべて言葉と文字の世界である。法律の世界に生きる者にとっては、頼りにするのも、武器にするのも、評価や説得に使うのも、すべて言葉であり文字なのである。

したがって、考えてみれば、読者から「法律の話は難しい、堅すぎる、つまらない」などという評価しかもらえないようでは、言葉や文字の世界に生きるプロとしては失格なのではなかろうか。一冊の新書にも、何とかわかってもらいたい、面白いと思ってもらいたい、という、魂を込めた努力が必要なのだろうと思うのである。

これだけ違う民法と刑法の詐欺罪

さて、民法の話に入る前にもうひとつ、今度は、同じ法律といってもこれだけ違うという話をしておきたい。先に、民法は守らなくても警察に捕まらない、と書いた。つまり、民法には基本的に罰則規定がないのである。これは、刑法や道路交通法とは大違いである。それから、民法では契約などで、法律に書いてあることと違うことをしてもいい場面があると言った。それも刑法や道路交通法とは大違いである。同じ法律でもどうしてそんなに違うのか。

なぜ民法には罰則規定がないのだろうか。たとえば、民法には詐欺という規定がある（民法九六条）。そして刑法には詐欺罪という規定がある（刑法二四六条）。これらはどう違うのか。

詐欺というのは、法律的な定義を後回しにして一般の人びとの理解でいえば、人をだましてしたくないことをさせたり、買いたくないはずの物を買わせたりすることである。そんなことをするのは悪い奴だ、だから捕まえて処罰しなければいけない、と読者の皆さんは思うに違いない。しかし、詐欺をした人は、民法では捕まらないのである。そして、それで良いのである。なぜか。

民法における詐欺取消し

民法九六条①項は、「詐欺又は強迫による意思表示は、取り消すことができる」と規定している（「強迫」は、「脅迫」の誤字ではない。刑法の世界では、脅して迫るのが罪になるのだが、民法では強く迫ることが問題にされているので、こう書くのである）。強迫のほうは今議論しないことにして、詐欺にしぼって話そう。

そうすると、民法は、詐欺にあって**意思表示**をした場合に、その意思表示を取り消すことができるというのである（この意思表示というのは、法律用語としては、「法律的な関係を発生させるもの」に限定される。また後で契約のところで説明するが、軽い気持ちでも「この一〇〇円のガムを買います」というのは意思表示だが、重大決心をして「君が好きだ」というのは民法上の意思表示ではない。また、「意志あるところ道は開ける」という「志」の強さの話ではないので、「意思」と書く)。つまり、だまされて「この土地を買う」とか「このダイヤモンドを売る」などと意思表示したことを、元に遡《さかのぼ》ってしなかったことにできるわけである(その結果、売買の契約もなかったことになり、土地は買わなくていいことになり、売ったダイヤモンドは返してもらうことができる)。

なぜ取消していい？

民法の取消しというのは、こういう、遡ってなかったことにする効果を持ち(民法一二一条で、初めから無効であったものとみなされる。専門用語ではこれを「**遡及効**《そきゅうこう》」という)、そして、民法はそこまでしか言わないのである。だました人はたしかに悪い人だけれど、その人を罰するのはどうぞ刑法でやってください、というのである。ちなみに、刑法二四六条①項は、「人を欺いて財物を交付させた者は、十年以下の懲役に処する」と規定する。だから、詐欺罪になるためには、人を欺いただけではだめで、それによって財物(土地とか品物とか)を交付させる、つまり何かをだまし取ったというところまでがなければならない(これは、罪刑法定主義という、刑法の根本原則があって、基本的人権の擁護の見地から、刑法の規定が恣《し》意《い》的に適用されることがないように、何と何がそろったら何罪、という、それぞれの罪を構成する要件に該当するかどうか〈構成要件該当性〉を厳格に論じるのである)。

では、なぜ民法は意思表示の取消しまででいいのか。これは結構深い話になる。

民法の目的――近代市民の「意思による自治」

法律には、それぞれ、違った目的がある。たとえば、刑法ならば、社会正義の実現であるとか、市民生活の安全、などということが言えるだろう。道路交通法も、交通秩序を維持し、それによって国民生活の平和安全を実現するということが目的とされよう。だから、それらの目的を実現するために、ルールを決め、それが守られているかを警察官が監視し、それを守らない人を法によって罰するのである。したがって、こういう法律の場合は、ルールは絶対であり、当事者が勝手に変えたりすることができないのは当然である(たとえばある若者グループが、俺たちのあいだでは赤が進めで青が止まれだ、というルールにしようと言って車を走らせたら、あちこちで事故が起きてしまう)。こういう法規定を先に述べたように強行規定というが、刑法や道路交通法はすべて強行規定でできているということになる。

では、自分たちで法律と違うルールが作れる任意規定を多く持ち、また違反しても警察に捕まらないという、この民法の目的は何なのか。いろいろな説明をする人がいるだろうが、私は以下のように説明している。

近代民法典のはじまりは、一八〇四年のフランス民法典、いわゆるナポレオン法典である。これは、高校の世界史で勉強したかもしれないが、一七八九年のフランス革命によって、王政の支配を脱したフランスにおいて、近代市民社会の創設をめざして、その近代市民社会を作る市民の自由な活動を承認し、支援するために作られたものである。

ということは、民法の目的は、近代市民社会を作り、またそれを支えるために望まれる市民を支援することにある。ではそこで望まれた市民像とはどういうものであったのか。いささか図式的な説明になるかもしれないが、そこで望まれた近代市民社会の市民というのは、為政者の指示のもとで、あれをしてはいけない、こうしなければいけないと言われて行動する人びとではなく、自分たちの判断で自分たちを律するルールを作り、自分たちで責任を持って行動する人びとであった。

そうだとすれば、民法典の目的は、そういう、今でいうところの、自己決定、自己責任という生活態度の取れる自立した市民を支援し、それらの人びとのいわば「意思による自治」(フランス語でいう Autonomie de la volonté) を実現させようとするところにあったのである(これが「**意思自治の原則**」と呼ばれるものである)。もっとも、市民たちの意思による自治を実現させるのであるから、民法があまり出しゃばってはいけない。民法はあくまでも控えめに、後ろから支援する役回りに徹するべきなのである。

契約自由と表意者の保護

さて、その観点から先ほどの詐欺を考えてみよう。人びとの自由な意思を尊重し、それにもとづいたルール作りを支援する立場からは、まず、自由な意思の合致による自由な契約（締結することも自由だし、内容も反社会性がなければ自由に決められる）を広く認める、という、「**契約自由の原則**」が出てくる。そして、その自由意思で結ばれた契約に、法が拘束力を認める、ということになる（これも、権力が認める拘束力なのではなく、当事者の意思による相互拘束を法が承認する、ということである）。しかしながら、民法は一方で、この意思表示について、二つの角度からの保護をしておくことを考えた。ひとつは、未成年者や、大人でも精神の障がいなどで十分な意思表示ができない人のした意思表示についての保護であり、もうひとつが、判断力のある大人であっても、重大な勘違いをしたり、だまされたり強く迫られたりして、する気のなかった意思表示をしてしまった場合の保護である。詐欺というのは、この後者の保護のひとつなのである。

ということは、詐欺にあった人を中心に意思自治を考えるならば、（詐欺をした人に対する処罰は刑法に考えてもらって）詐欺にあった人がその詐欺による意思表示をなかったことにしたいのであれば、その人にいわばもう一度自由な判断で意思表示する機会を与え直す(もちろんその機会を使うか使わないかは自由)、というのが民法として適切な態度、ということになるであろう(さらに、民法の取消しというのは、当然に無効というのとは違い、取り消さなければ有効であって、取り消すのも取り消さないのも自由である。つまりそこまで当事者の意思自治が貫徹されている)。だから、詐欺の処理は「意思表示の取消し」であり、そこにとどまるのである。そして、それでいい、というより、それがいい、ということになるのである。

振り込め詐欺

ここで、社会問題になったいわゆる「振り込め詐欺」にも触れておこう。これは、もちろん犯罪であるから、本来は刑法の話であり、処罰はもっぱら刑法でしてもらう。そして民事では、当然犯人からお金を返させる話になるのだが、これがちょっとややこしい。

振り込め詐欺の場合は、だまされて、存在しない債務を代わって支払う、などということだから、電話してきた相手と何か契約を結ぶわけではない。そして一般に振り込め詐欺の場合は、電話をかけてきてだました相手は誰だかわからない。

では振り込んだことはどういう民法的な評価をされるのかというと、だまされて振り込んだ人とその(振込人の)銀行とのあいだで、「指定銀行の指定口座に送金せよ」という振込（送金委託）契約が成立した、ということになる（これは、銀行の預金取引約款に従えば、振込依頼書による場合には、銀行が振込の依頼を承諾し振込資金等を受領した時に、ＡＴＭによる場合には、銀行がコンピューター・システムにより振込の依頼内容を確認し振込資金等の受領を確認した時に成立する）。

そこで、まずこの銀行との振込契約を詐欺を理由に取り消したい、という話になるのだが、銀行が詐欺をしたわけではなく、犯人である第三者による詐欺であって銀行は何も知らない、ということになると、振込契約を詐欺で取り消すのはできないことになる（民法九六条②項）。

もちろん、電話してきた相手がわからなくても、結果的に指定口座に振り込まれたお金を法律上の正当な理由なしに利得した犯人が特定できれば、その者に対して**不当利得**（法律上の原因のない利得、民法七〇三条、七〇四条）として返還請求して返させることになる。さらに、故意に他人に損害を与えたということで犯人に対して**不法行為**（民法七〇九条）の損害賠償を請求することもできると考えられる。ただそれらはいずれも犯人が捕まった場合、ということになる。

では振込先の口座にあるうちならその振込先の銀行に返せと言えるかというと、振込先の銀行は、事情がはっきりしなければ、顧客の利益ということで支払いを拒むことになるのである。

そこで当初いくつかの下級審の裁判例では、お金をだまし取った相手はわからなくても、振込先の口座にまだお金が残っている場合（口座の不正使用があるとわかって銀行が口座を凍結したため犯人が引き出せていないようなケースなど）には、民法に規定されている**債権者代位権**というもの（民法四二三条。それ自体の説明は難しいので省略する）を使って、被害者が、犯人に対する不当利得返還請求権を実現させるために、犯人の銀行に対する預金払戻請求権を代わって行使することを認めたものもある。これなら犯人が実際に何者かわからなくても返還請求ができることになる。これも、紛争解決に民法を上手に使った一例といえるが、その後このようなケースについては、二〇〇七年に法律（犯罪利用預金口座等に係る資金による被害回復分配金の支払等に関する法律、通称振り込め詐欺救済法）ができて、被害者はその法律に従って振込先金融機関から被害回復分配金の支払いを受けられるようになった。

いずれにしても、振り込め詐欺の被害にあったら、すぐに警察に届け出て、振込先の金融機関に連絡して、振り込んだ預金口座の取引を停止してくれるよう依頼することが肝心である（その他、弁護士に依頼するのもよい。全国銀行協会のガイドラインでは、弁護士から決まった書式で通報があれば、それだけで取引停止措置を実施することにしている）。

市民社会の構成原理

以上のように、市民の社会における行動に全般的にかかわるという基本的な性質を持つ民法は、市民社会の構成原理などと呼ばれる。近年の民法学界をリードしていた故星野英《ほしのえい》一《いち》博士（東京大学名誉教授）は、フランスの学者の、憲法は国家の構成原理（Constitution）であり、民法は社会の構成原理（Constitution）であるという説明を紹介しつつ、「日本国の構成原理の基本がデモクラシーであるとすれば、日本社会の構成原理は民法に示されているはずである」（星野英一『民法のすすめ』岩波新書、あとがきより）と言うのである。

一般に、憲法というものは、他の法律よりも上位に位置する別格のものという認識がある。それは、学理的には正しいことである。しかしながら、具体的に市民の日々の生活を考えると、民法というものは、国家体制における憲法と並ぶ重要性を持つと言ってよい。

さらに、最近の研究では、近代の民法典の嚆矢《こうし》となった一八〇四年のフランス民法典（最初の名称は「フランス人の民法典」Code civil des Français）を、憲法と並ぶものという以上の、「全法体系の根本法」として位置づけているものもある（水林彪《たけし》『民法研究』第五号、第七号所収論文、信山社）。

実際、昔のフランスの六法全書を見ると、フランス革命後の国家体制が共和国体制から王政復古（一八一四〜一八三〇年）と行き来するのにともなって憲法（一七九一年に最初の革命後の憲法ができる）が何度も変遷する一方で、民法典が市民社会（これは水林説によれば単なる市民の社会ではなく、政治的な「国家」と経済的な「市民社会」の統一物としてのsociété civile）の基本原理として定着していくさまが視覚的に実感できるのである（私の手元には、フランス文学・文化論の大家松原秀一《まつばらひでいち》博士から頂戴した、一八一七年の『憲章を先立てた五法』と題された革張りの書物がある。冒頭には一八一四年にルイ一八世が当時の政府の憲法案を退けて公布した憲章（Charte constitutionnelle）があって、そしてつぎに民法（Code civil）が真っ先に収録されている）。

もっとも、市民社会全体の構成原理であるということは、そこで市民がおこなうさまざまな活動を広くカバーするもの、ということになるのであるから、それだけ民法には多様な顔がある、ということになる。以下にはそのあたりを少し書き加えておこう。

民法の別の顔——取引法への傾斜

以上の説明からわかっていただけたように、民法は、すべての国民に関係する。ということは、一般市民から金融実務家、法曹までが対象になる、私法の基本法である。ことに、民法のなかの債権法は、契約、債務不履行、保証、債権譲渡、弁済など、金融取引の基礎的分野を網羅する、実務にとってもひじょうに重要な法律である（その他、物権法のなかの担保物権法と呼ばれる分野も金融取引にとって重要である）。

ここで、先に述べた、私法の木の話、そして特別法と一般法の話を思い出していただきたい。たとえば、商人が売買契約をする場合には、商法などにそれ向きの規定（特別法）があればそれを使う、特にそれ向きの規定が作られていないところは、民法の規定（一般法）を使う、と説明した。そうすると、保証や債権譲渡（これらはまた後で詳しく説明する）については、企業や商人がおこなうものであっても、商事の法律に特別規定がないならば、民法（債権法）の規定がそのまま金融取引に用いられることになる（現在はそういう状況である）。つまり、民法は、市民の法であると同時に、取引のプロが使う、取引法の性質も持つことになるのである。そして、現代では、民法のこの取引法的性格が、良きにつけ悪しきにつけ、強調される傾向にあるといえる。

プロとアマチュア

そこで問題なのは、プロ同士が民法のルールで取引をすること自体はまだ容認されるとしても、プロとアマチュアがいわば同じルールで試合をする場面が出てくる、ということなのである。

あるいは読者の皆さんには、プロゴルフのトーナメントで、大会前日におこなわれる

「プロアマ戦」というものを思い浮かべる人があるかもしれない。しかしこれは、同じルールでやるといっても、要するに、本番前の選手とファンの親睦が目的であり、出場するアマチュアのほうも主催者がそれなりにゴルフの上手な人を選んでいるようである。そうではなくて、柔道の黒帯の選手とまったくの初心者に本番の試合をさせることを考えてみていただきたい。それはひじょうに危険なことであろう。つまり、金融業者と借り手の市民、あるいはその保証人、の関係というのは、極端に言うとそういう要素を持つのである。

だからこそ、特別法というものが重要な意味を持つのであって、一方で専門業者を規制するための業法というものが多数作られ、他方で、消費者契約法など、いわゆる消費者を保護する一群の法律が作られているのである。

民法典の性格づけ

このように考えてくると、ことは民法典というものの性格づけの話になってくることがわかる。市民の基本法ということはゆるがないとしても、そのなかにプロも使うルールも混在している。そうなると、最大公約数的な一般ルールだけ民法に残してあとは特別法で外に出す、というのが、ひとつ無理のない発想と思われるのだが、逆に取引法の要素も消費者法の要素もみな民法に取り込んでコントロールしよう、という発想も（私は評価しないのだが）ありうる。実際、ヨーロッパでいえば前者のやり方を採っているのがフランスであり（民法典には商事的なものを持ち込まず、また消費者法関係は別の消費法典というものを作っている）、後者のやり方を採用しているのがオランダである（商事法の要素も消費者法の要素も民法に取り込んでいる）。現代の民法には、このように民法典にどういう性格を与えるか、という問題も提起されてきているのである（これが、後述する現代の民法（債権法）改正論議におけるひとつの争点にもなっている）。

第一章　民法は人生の必修科目

人生をめちゃくちゃにする保証

さて、普通の法律学の入門書なら、ここで民法の全体像や歴史あたりから説くのだが、本書では、まずとにかく読者の皆さんの人生に役に立つ話を書いておこう。

先に序章で、民法は、知らないと大損をしたり人生がめちゃくちゃになることさえある、と書いた（もちろん、後に触れるように、知っていて得をすることもいろいろある）。それゆえ私は、大学で講義をする際にも、民法は法学部での必修科目であるだけでなく、人生の必修科目である、と言っているのである。

具体的にそのような悲劇を招く可能性のある代表例といえば、「**保証**」の話である。人の借金の保証人になる、ということは、法律的にいうとどういうことなのか。

詳しい話をする前に、まず、保証人には、普通の保証人と連帯保証人という二種類があることを知っておいていただきたい。ポイントは、本人の後ろにいればいい存在なのか、最初から横に並んでいる存在なのか、というところにある。

ことに個人がする他者（個人の場合も会社などの場合もある）の金銭債務の保証が、今、社会問題にまでなっている。うっかり保証人のハンコをついたら、本人の負っていた債務を払わされることになって、人生がめちゃくちゃになった、という話である。なかには、配偶者に言われてよくわからないままに連帯保証人になって、配偶者の債権者から取り立てにあい、支払いのために結局持ち家も手放し、離婚に至り、などという話もある（なお、よく「夫の事業の債務について妻が連帯保証人になって」などという事例が書かれるが、男女は平等、現代の世の中では、「妻の事業の債務について夫が連帯保証人になる」ケースも当然ある）。

保証契約の基礎知識確認テスト

保証についてのそういう話なら聞いたことがある、よく知っている、という人は結構多い。では、その方々は、本当に保証契約について正確な知識をもっておられるのだろうか。恐縮ながら、まず以下のテストを受けていただきたい。

基礎知識確認 Test

Aは、親友のBから、「C銀行から融資を受けたいので保証人になってほしい、他にも保証人を立てているので君には迷惑をかけないから」と言われて、Bの持ってきた保証契約書に署名し、捺印をした。そこで問題である。

①Aは、誰と保証契約をしたのか。②Bが言っていた「他の保証人」は実際には誰も

いないことがわかった場合、Aは、話が違うとしてこの保証契約をなかったことにできるか。③Bの持ってきた契約書には、連帯保証人と印刷してあり、Aはそこに署名捺印した。ただの保証人と連帯保証人とは、どちらの負担が重いのか。

あらためてこう聞かれて、あなたは正しく答えられただろうか。

以下には、私がかつて市民大学講座でこのテストをしたときに実際にあった答えを紹介しながら説明しよう。

債務者を多数にする意味

最初に、民法のなかの位置づけの説明からしておく。保証は、日本の民法典では、第三編「債権」の、第三節「多数当事者の債権及び債務」というところに出てくる。ここは、債権者が複数になったり、債務者が複数になったりする場合のルールが書かれているところである。

つまりそこでは、①当事者の一方が複数になると、誰にどう請求できるのかとか、誰にどう払えばいいのかなどの問題が生じてくるため、あらかじめそれらを整理するルールを民法が決めておく必要がある、②たとえば債務者が一人だと、その人の資力がなくなった

（借金を払えなくなった）ときに、債権者は、法律的に権利はあっても現実には債権の実現ができない状況になるが、債務者あるいはそれに代わる人を複数にしておけば、債権者が債権の実現を確保できる、という二つのことが考えられているのである。

そして、まさにその②のために置かれた制度が、**保証**（保証債務）というものなのである。

保証債務の規定は、債権者と保証人の請求の関係や保証人の負担する債務の性質や内容について定めている。もっとも大まかに言えば、債権者Xに対して債務者Yが負う債務（これを「主たる債務」と呼ぶ）を、保証人Zが保証する（ZはXに対して保証債務を負う。つまりYが払えないときにはZが払う）というものである。

すでに述べたように、民法は、当事者の意思を最優先する法律であるのだが、そうすると、保証契約すなわち「保証債務を負う」契約をすれば、民法に保証債務として規定されたとおりの法的効果が発生する。たしかに契約は自由なのだが、そういう効果を生じる名前の債務が民法に規定されていて、それを負う旨の契約をすればこうなる、という話である。だから、そうしたくなければそういう契約をしなければいい（いや、してはいけない）ということになるのである。保証については、まずそういうところから理解しよう。

テストの解答①——保証契約とその相手方

それでは、先ほどの問題の解説をしていこう。

①の答えは、C銀行と、である。Bが契約書を持ってきたので、Bと保証契約をしたと間違える人がいる。保証債務というのは、主たる債務者（B）が債権者（C）に債務を履行しないときに保証人（A）がその履行の責任を負うものである（民法四四六条①項）。その保証債務を負うことを、保証人（A）が債権者（C）と約するのが**保証契約**である。

ではBとAのあいだにあるのは、どういう契約か。これは、保証を頼む契約（保証委託契約）なのであるが、この保証委託契約は、あってもなくても保証契約の成立には関係がない。つまり、頼まれないで保証人になってもいい、ということである（たとえば、息子が会社を辞めて事業をはじめたいと銀行にお金を借りに行って、信用がないとして断られた。その話を知った親が、息子に頼まれてはいないが、あいつに融資をしてやってくれと保証人になるなどという場合である）。そしてじつは、この①を間違えると、つぎの②もわからなくなる。

保証契約

〔矢印は債権の向き〕

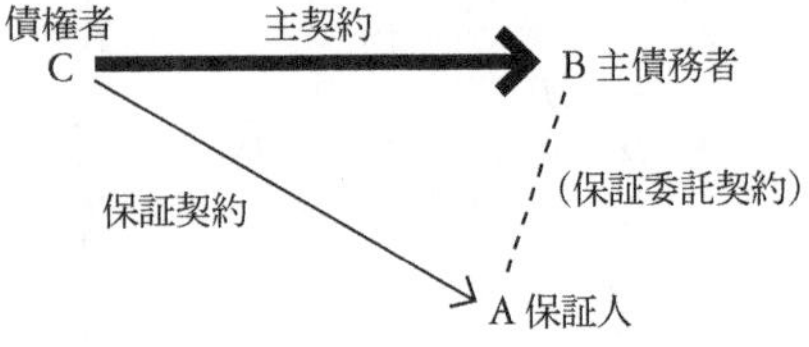

テストの解答②――保証契約の内容

②の答えは、「できない」である。他にも保証人がいるから安心だと思っていた（じつは他にいても安心できない場合をこの後で説明するが）のにいなかったというケースで、たとえば、Aは、「私は、他にも保証人がいるからこの保証契約をする、と思っていたのだから、これは思ってもいなかった契約をしたということになる。だから『錯誤』で取り消せる」という主張ができるだろうか。

錯誤というのは、序章で出てきた詐欺の隣にある規定で、書き間違い、完全な思い違いなどで、契約内容の社会通念上重要な部分に錯誤があった場合に契約を無効にできるケースがあるという制度である（民法九五条）。しかしここでは、Aは誰とのあいだの契約を取り消そうというのか。C銀行である。では、「他にも保証人がいる」ということはC銀行とAとの保証契約の内容になっているのだろうか。ほとんどの場合、そうなっていないだろう。そもそもC銀行はそんな事情を知らない、というのであれば、Aは、債務者Bの言っていることが違っていたという理由でCとの契約をやめることはできないのである。

なお、この事案では、金額の書き間違いとか目的物の取り違えなどではなく、保証契約を結ぶ「動機」に錯誤があったということになるが、現在の民法では、動機となった事情が表示されているということが必要とされているので、C銀行との保証契約書に「他に保証人がいることを前提として」とでも書かれていれば、動機が表示された錯誤として取消しが認められることがありうると思われる。しかし、そのようなケースはまずないであろう。

テストの解答③――連帯する相手は？

さらに重要なのは、③である。普通の保証人と**連帯保証人**とではどちらの負担が重いのか。答えはもちろん、「連帯保証人のほうが（格段に）負担が重い」のだが、私が実際に市民大学講座で聞いたお答えには、「それは保証人のほうが重いのでしょう」というものがあった。「なぜですか」と聞いたところ、「保証人は一人で全部の責任をかぶらなければいけないけれど、連帯保証人は、小学校のときのクラスの連帯責任と同じで、みんなで負担を分けあえばいいのではないですか」とお返事があったのである。

じつはこの間違いには、ひじょうに重要なポイントがある。この方は、連帯保証人というのは、「何人もいる仲間が連帯する」と思ったようである。そこがたいへんな間違いである。連帯保証人は、一人でもいいのである。つまり、連帯保証人が連帯する相手は、仲間の連帯保証人ではなく、債務者本人なのである。債務者と連帯する保証人、というのが連帯保証人なのである。

すなわち、普通の保証人は、債務者の陰に隠れていて、債務者が払えないときだけ責任を追及されるのであるが（だからその債務者を「主たる債務者」と表現する。保証人は、従たる存在なのである）、連帯保証人は、最初からその債務者と同等の立場で、横に並んでいる人なのである。

普通保証と連帯保証

債務者と連帯保証人　債務者と普通の保証人

連帯債務の全額支払義務

それはどういうことなのかを、もう少し法律的に説明しよう。たしかに保証である以上、連帯保証人の場合も主たる債務者との主従関係が少しは残っている（主たる債務者の債務がなくなれば保証人の債務もなくなる、等。法律用語では「付従性」という）。しかし、債権者に対する関係で見ると、連帯保証の場合は、主たる債務者と連帯保証人の主従関係はもはやなくなってしまうのである。

民法の「多数当事者の債権及び債務」の規定を見ると、「保証債務」の前に「**連帯債務**」という規定がある。たとえば、PとQの二人が、これから一緒に事業をはじめようなどということで、債権者と、お互いの債務を全額払いあう約束でお金を借りる、

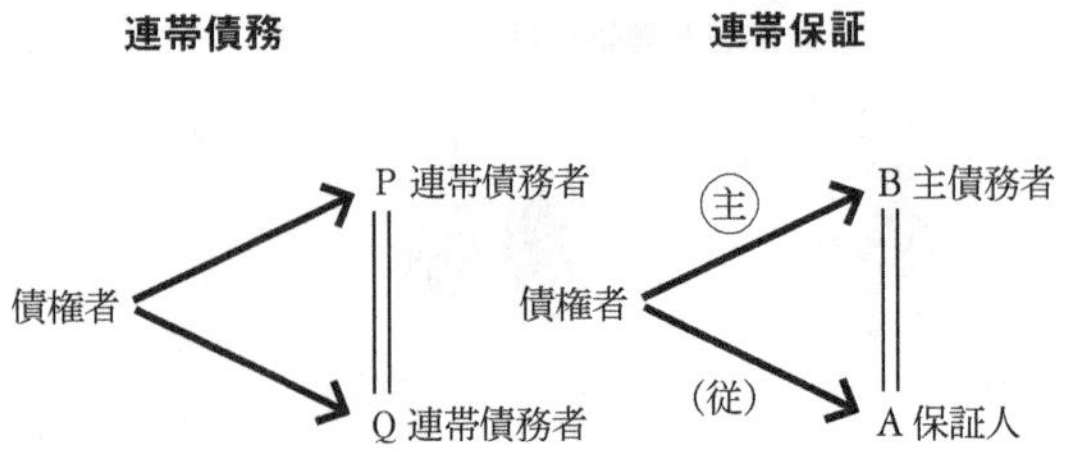

などというのが連帯債務である。たとえば、二人で一〇〇〇万円借りて、PとQのあいだでは五〇〇万円ずつ返す約束をしているが、債権者とのあいだでは、どちらも、連帯債務者として、請求されたら全額の一〇〇〇万円をお支払いします、という契約をするというものである。もちろん、債権者はどちらにも全額の請求ができるが、最終的に一〇〇〇万円（プラス利息等）までを回収することができるのであって、倍の二〇〇〇万円がとれるわけではない。こうしておくと債権者は、PとQのどちらかが無資力になっても、全額の回収を図れるという利点がある。つまりこれは、取引においては、ひじょうに有効な担保（債権者としては、全員の連帯債務者の財産の総計をあてにできる）ということになる。連帯保証人は、債権者との関係では、この連帯債務者と同じように扱われることが規定されているというわけである。

「クラス全員の連帯責任」とは違う

具体的には、①普通保証人は、債権者から弁済を請求されたら、「先に債務者に請求してくれ」と言うことができる（法律用語では、「**催告の抗弁**」という。民法四五二条）。②また、先に強制執行を受けたら、「債務者に財産があるはずだから先に債務者に執行をかけてくれ」と言える（同じく「**検索の抗弁**」という。民法四五三条）。しかし連帯保証人には、これら二つの抗弁をする権利がない（民法四五四条）。つまり、期限が来たら、債権者C銀行は、Bを相手にせずに、最初からAに全額の請求ができ、Aはそれを拒むことができない、というのが連帯保証人なのである。保証契約書の「連帯保証人」というところに署名捺印したら、法律的にはそういう立場に否応なしになってしまうのである。

さらに、普通の保証人なら、「**分別《ぶんべつ》の利益**」というものが条文で認められている（民法四五六条。これは、常識的な考慮・判断ができるという「ふんべつ」ではなく、ゴミの分別で使う言葉と同じ「ぶんべつ」の利益である）。つまり、主たる債務者の債務が一〇〇〇万円で、普通保証人が二人いれば、保証人は二分の一の五〇〇万円までしか支払わなくてよい（そこまでしか支払義務がない）のである。けれども連帯保証人には、この分別の利益もない。つまり、債務者本人と連帯しているのだから、各連帯保証人には一〇〇〇万円全額の支払義務があるのである（もちろん、後で債務者にその全額を求償することは法律的には可能であるが、債務者が資力を回復しないかぎりは、法律的には求償権があっても実際には無力である）。

このように、連帯保証人が二人いても、三人いても、（弁済した後の連帯保証人相互の求償の問題は出てはくるが）債権者に請求されたときに全額の支払義務を負うことはなんら変わりがないのである。くれぐれも、小学校での「クラス全員の連帯責任」とは話が違う、ということを間違えずに覚えておいていただきたい。

こういうことで、うっかりと、あるいはやむをえず、連帯保証人になった結果、人生が破綻《はたん》するような事例が結構存在するのである。

民法の対応――個人保証の制限

もちろん、民法は、このような事態に対処するための方策は採ってきた。後に詳しく述べる二〇〇四（平成一六）年の民法現代語化改正の際に、保証契約は口約束では無効で、書面でしなければ効力を生じないという規定を追加した（民法四四六条②項）。さらに、個人が貸金等についてする**根保証**《ねほしょう》契約（債権者と主たる債務者のあいだの貸金契約について複数回の契約を合計何円までは保証する、などというもの）についても、極度額（累積した最高額）の定めのないものは無効とするなど、保証人の負担が重くなりすぎないように制限する規定をいくつか新設した（平成一七年四月一日施行）。

さらに、現在進行している民法（債権関係）の大幅な見直しのなかでも、この保証の規定をどうするかが大きな争点になっているのだが、その点については本書第九章でまた詳しく述べよう。

知っていて助かる民法の規定——不法行為

さて、民法は、知らずに損をするばかりではない。知っていて助かる規定もたくさんある。

たとえば、皆さんがトラックにはねられる交通事故にあって、仕事を休み、その間収入を得られず、また治療費がかかったとしよう。これは民法の**不法行為**の問題である。不法行為というのは、民法の七〇九条以下に規定がある。故意または過失によって、他人の権利を侵害したり他人に損害を与えたときに、損害の賠償をしなければならない、という制度である。この損害には、財産的損害としては、治療費のような積極損害も、働けなかった期間、収入が得られなかったという消極損害も含まれるし、精神的な損害としてのいわゆる慰謝料も含まれる。ただし、この不法行為というのは、多くの場合、予期していない加害行為ということになるので、地震などの不可抗力の場合のように、加害者が十分注意していたのに損害を与えたというような、まったく無過失の場合には成立しない（民法の基本原理のひとつとしての「**過失責任主義の原則**」による）。

さて、右の事故で、トラック運転者Aは個人で運送事業をやっていた人で、あまり収入がなく、しかも任意保険にも入っていなかったということになると、示談交渉が難航する。民事訴訟を起こしても、あてにできる財産がA個人の財産だけなので、判決が出ても実際にはなかなか賠償額全部を払ってもらえない、という困ったことになるだろう。

けれども、じつはAはBという運送会社から仕事を得ていたというケースであれば、AとB社のあいだに正式な雇用関係はなくても、実質的な使用・被用関係が認められるのであれば、民法七一五条の**使用者責任**という規定によって、被害者はAとB社の両方に損害賠償の請求ができるのである（しかもこれも一種の連帯債務関係になるので、被害者は、AにもB社にも全額の請求ができ、倍取れるわけではないが、全額に満つるまで、払えるほうから払ってもらう、ということができる）。

数人のグループに被害を受けたら――共同不法行為

同じようなことは、こういうケースでもある。東京でいえば新橋の駅前広場あたりで、ほろ酔いのサラリーマンが、肩が触れたということで、数人のどこかのグループに殴られたとする。頬をたたかれた程度ならまだ良かったのだが、そのうち一人が殴った拍子にサラリーマンの目に指が入り、サラリーマンは眼球破裂、失明という大怪我を負ってしまった。周りの目撃者の証言などから、このグループはＡＢＣの三人だということがわかった（この三人についての刑事的な処置はここでは触れない）。

そこで、被害を受けたサラリーマンは、治療費と財産的な逸失利益（入院中に得られなかった収入と、これから先仕事上のハンディのために得られなくなる収入が想定される場合はその分も）、さらに加えて精神的な慰謝料を、民事の不法行為の損害賠償として請求する訴えを起こすことにした。けれども、失明に至った一撃は、ＡＢＣのうちの誰によって加えられたものかわからない。

こういうケースでも、民法は、**共同不法行為**という規定を置いて（民法七一九条）、このＡＢＣを共同不法行為者として、連帯して責任を負わせることとし、しかも、それら共同行為者のうちいずれの者がその損害を加えたかを知ることができないときも同様とする、という明文規定を置いたのである。したがって、サラリーマンは、ＡＢＣの誰からでも、トータルして全額の賠償を請求することができるのである。

なお、この規定の対象は、ミクロ的には盛り場のサラリーマンのトラブルのような話だが、マクロ的には、全国のいわゆる公害訴訟の話になる。二つとか三つの企業が、河川の上流で汚染物質を排出し、下流の住民に健康被害が出た。どの企業の汚染物質がその健康被害に結びついているのかわからないが、この地域以外にはそういう健康被害が出ていないので、これらの汚染物質がたぶん原因であろうという蓋然性《がいぜんせい》は証明できる、というケースで、判例は共同不法行為を認めているのである。

知っていて得をする？　民法の規定——時効

さらにこれは、単純に「得をする」と表現していいのかどうかは問題なので、？マークをつけておくのだが、民法には**時効**という制度がある（読者の皆さんは、刑事事件の時効はよくご存知かもしれないが、民事にも時効がある）。

これは、民法総則に規定があるのだが、もともと自分のものでなかったものが自分のものになるという、物権の**取得時効**と、もともと自分が負っていた債務だったものを払わなくてすむことになる、債権の**消滅時効**がある。

たとえば、取得時効というものは、こういうケースで出てくる。Aさんは、自分の祖父Bが当時Cから買ったと聞かされていた甲土地を、祖父の時代から代々誰にも邪魔されずに自分の土地として耕作等に利用してきた。わかっているだけでももう二〇年以上経っている、という状況で、Cの孫に当たる人が、自分が相続した土地だから明け渡せ、と言ってきたとする。ちなみに調べてみると登記簿はもう何十年もいじられていないで、Cの親の名義になっていた、などというケースで、Aさんが、この土地を時効で取得しているので返さなくてよいと主張できる、というものである。

消滅時効のほうは、AさんがBから借金したのだが、もう一〇年以上も何も請求されずにきたので、安心していたら、突然Bから支払請求が来た。この場合も、Aさんは、その債権は時効で消滅している、と主張できるというものである。

自己決定を実現する制度

この時効制度については、現在の権利状況を尊重するのが社会経済的に利益になるとか、権利を持っていてもそれを長く使わない人（権利の上に眠る者などといわれる）は保護されなくても仕方がないとか、今となっては証拠がはっきりしないのでやむをえない、などとさまざまに説明される。けれども一方で、もともとの権利者が権利主張をできるのは当然だろうという批判もありうる。そこで民法は、時効の利益は自動的に得られるものではなく、あくまでも時効の利益を得ようとする者が自らそれを使う意思表示をすることが必要であるとした。これを時効の「**援用**」という。

つまり、時効が完成する年限が来ているとわかっていても、もともとあなたの土地だったのだから返しますとか、もともと債務はあったので払います、ということはもちろん自由なのである。しかも時効という手段を使うためには、裁判でも、あくまでも当事者が援用しなければならず、援用がないのに裁判官が勝手に時効だという判決をすることはできない規定になっている（民法一四五条）。

だから、たしかに時効の規定が使えればその人は得をすることになるが、民事の時効という制度は、単純に人に得をさせる規定ではなく、使うか使わないかを当事者に判断させるという、自己決定、自己責任を実現する制度として、またすぐれて倫理的な制度として、置かれているのである。

民事の時効期間

なお、民事の時効は、現在の規定ではことに消滅時効についていろいろと時効期間に違いがあり、民法の一般の債権の時効は権利を行使することができる時から一〇年だが、権利を行使できることを知った時から五年とされている（民法一六六条）。先の不法行為の損害賠償請求権については、行為があったときから二〇年、損害及び加害者を知ったときから三年という二重の期間制限をしている（民法七二四条）。さらに、人の生命・身体にかかわる不法行為の場合は、損害及び加害者を知った時から五年としている（民法七二四条の二）。

以上挙げたところはほんの一例であるが、民法が私たちの日常生活にかなり大きな影響をもたらすことがわかるだろう。知っていれば頼りになるゴールキーパーになるが、知らなければ危険な攻撃者にも見えてしまう。いささか大げさにいえば、それが民法であり、だからこそ、民法はすべての市民が学んでおくべき必修科目なのである。

第二章　民法典の沿革と全体像

人の一生と民法

それではここで、現在の日本民法典の全体像をつかんでいただこう。

先に「ゆりかごから墓場まで」という話をしたが、もう少し具体的に人の一生と民法のかかわりを見てみよう。以下の文章のカッコ内が民法の用語である。

人はこの世に生を享《う》けたその日から、一人の人間として社会生活を営むための基本的な能力（権利能力）を認められる。そして、自分の自由な意思を他人に伝達して（意思表示）、他人との社会関係を作っていくことになるのだが、しかしまだ子供（未成年者）のうちは、十分な法的関係を作る能力（行為能力）を持たないから、その意思による社会関係の形成は、親の同意等、一定の形態での保護を必要とする。これは成年者であって精神の病気等で十分な判断力を持たない人の場合でも同様である（制限行為能力者の保護）。

そして人は徐々に、自分自身で自由に使ったり処分できる物を所有するようになる（物権、所有権）。また、他人と自由な意思を合致させて結んだ一定の法的効果を発生させる約束（契約、法律行為）のなかで、他人に一定の行為を要求できる権利（債権）を得ることもある。そのような約束は他人に代わってしてもらうこともできる（代理）。もちろん、それらの約束を相手が守らなかったときは（債務不履行）、その約束をなかったことにして（解除）、金銭での解決を求める（損害賠償）場合もある。またなかには交通事故などにあい、治療費や仕事に就けなかった分の損害を請求する人もあろう（不法行為）。

もっとも、人間は万能でないし、有限の存在だから、他人に一定の行為を要求したり賠償を請求できるといっても、時間的な限度はあると考えられるだろう（消滅時効）。じつは他人のものだったのだが、長年自分のものと思って平穏に使ってきた土地が、法的に自分のものになるという制度もある（占有、取得時効）。

そしてそれぞれの職業に就いたなかでも、さまざまなものを売り買いし（売買）、他人に金銭を借りたり（金銭消費貸借）、土地や建物を借りたり（賃貸借）、大工に家を建てさせたり（請負）と、さまざまな契約をする。個人の取引ばかりでなく企業の法務のなかでも、債権を他人ないし他社に譲渡したり（債権譲渡）、自分や他人の債務に自分の不動産などを担保に提供したり（抵当権）、それらの債務を自己の責任で支払うことを請け合ったり（保証）、相互の債務を対当額で清算したり（相殺）などということは、企業関係の法律の問題ではなく基本的に民法が対応する問題である。

そして多くの人はやがて人生の伴侶を見つけることになる（婚姻）。結婚して子宝に恵まれる人もあれば（親子）、他人の子を自分の子にする人もある（養子）。こうして、精一杯生きてその人生を終えると、その財産を配偶者や子供が受け継ぐことになる（相続）。受け継ぐ人間がその分配を決めることもできるが（遺産分割）、生前に財産の処分の方法等を書き残して、死者の生前の最終意思を実現させる方法もある（遺言）。

以上、これらがすべて民法の守備範囲なのである。人の一生とその社会生活に、すべて民法がかかわっていることが理解していただけたであろう。

民法典の構成

具体的にいうと現在の日本民法典は、第一編総則、第二編物権、第三編債権、第四編親族、第五編相続という五つの編からなっている。

第一編の総則というのは、全体の総合（共通）規則ということなのだが、正確には、第二編物権、第三編債権の総合（共通）規則というべきもので、ここまでを財産関係に関する法ということで財産法と呼ぶことがある。これに対して第四編親族、第五編相続の部分は、家族法と呼ばれる。

先に挙げた例でいうと、権利能力、行為能力、未成年者、制限行為能力者の保護、意思表示、法律行為、代理、消滅時効、取得時効などが第一編総則に規定されるもので、物権、占有、所有権、抵当権などが第二編物権に、債権、債務不履行、損害賠償、解除、保証、債権譲渡、相殺、契約、売買、賃貸借、請負、不法行為などが第三編債権に、そして婚姻、親子、養子などが第四編親族、相続、遺産分割、遺言などが第五編相続に規定されているというわけである。

ちなみにこのような編別のスタイルは、ドイツ民法型のパンデクテン体系と呼ばれるものにならっている。フランス民法型は、人事編、財産編、財産取得編、債権担保編というような構成になり、こちらは、インスティトゥティオネス体系と呼ばれる（知らなくてもいいことだが、インスティトゥティオネス体系はローマ法の時代のガイウスの『法学提要(Institutiones)』に由来し、パンデクテン体系は同じくユスティニアヌスの『学説彙纂《がくせついさん》(Digesta)』に由来する。パンデクテンはディゲスタのドイツ語名である）。

一〇〇年を超える歴史――立法の経緯と沿革

このような現在の民法典は、どういう歴史的経緯で誕生したのか、またその内容は沿革的にどのようなものであるのか。

我が国の現在の民法典は、明治二九年法律八九号（総則・物権・債権の前三編）及び明治三一年法律九号（親族・相続の後二編）として公布され、明治三一（一八九八）年七月一六日から施行されたものである。その後、後二編のいわゆる家族法の部分は昭和二二年一二月二二日法律二二二号により大改正され、昭和二三（一九四八）年一月一日に施行されているが、前三編のいわゆる財産法の部分については、いくつかの条文の改廃はあったが、基本的には施行当時のままであり、すでに一一〇年以上にわたって命脈を保ってきたわけである（この間二〇〇四年に現代語化の改正があり、保証の部分では実質改正が加えられた）。

もともと民法は私法全体の基本法であり、そう頻繁に改正されるような性質のものではないのであるが、この民法典の、契約を中心とする債権関係の部分について、二〇〇九年一〇月に、法務大臣から法制審議会に改正の諮問がなされ、同年一一月から法制審議会民法（債権関係）部会の審議がはじまっているというわけである（本書第七章以下参照）。

旧民法典——我が国初の近代民法典

ただ、我が国初の近代民法典は、この明治民法典ではなく、明治二三（一八九〇）年に公布され、施行が延期となった、旧民法典である。実際、前記の明治民法典を起草した三名の起草委員（穂積陳重《ほづみのぶしげ》、富井政章《とみいまさあきら》、梅謙次郎《うめけんじろう》）は、明治政府から「既成法典の修正」を命じられている。その旧民法典の起草に力を尽くしたのが、フランスから招かれた、ギュスターヴ・エミール・ボワソナード（Gustave Emile Boissonade）という学者であった。

明治政府の民法編纂事業は、維新の後まもなくから、江藤新平《えとうしんぺい》の指揮によってはじめられていた。この作業は、幕末に結ばれた諸外国との不平等条約を撤廃するためという理由もあって急がれていたのだが、当初はフランス民法を翻訳して敷き写すような作業がされていて、なかなか軌道に乗らず、明治六（一八七三）年にフランスから、司法省法律顧問として、当時パリ法科大学アグレジェ（正教授待命教授）であったボワソナードが招聘《しょうへい》される。

ボワソナードは、来日後、司法省法学校での講義等、精力的に多方面の活動を開始した。旧民法典の編纂は、明治一二（一八七九）年三月の、司法卿大木《おおき》喬任《たかとう》のボワソナードに対する仏文による民法典草案の起草の付託にはじまる。ただ旧民法典のうち、ボワソナードが起草を依頼されたのは、民法典の財産法の部分、現行民法でいうならば前三編の部分である。現行民法の後二編にあたる家族法の部分（旧民法典では人事編及び財産取得編の一部）は、当初から日本人委員の起草によるものとされていた。

ボワソナードの起草した原案は、日本語に翻訳されて法律取調委員会（今日の法制審議会にあたる）で審議された。そして完成した旧民法典は、元老院の一括的審議を経て明治二三年三月二六日に公布が閣議決定され、翌二七日に上奏し裁可を受け、四月二一日にボワソナードの起草部分（民法中財産編、財産取得編前半、債権担保編、証拠編）が公布された。人事編と財産取得編後半は、同年一〇月七日に公布され、これで全部の公布が完了した旧民法典は、施行期日を明治二六（一八九三）年一月一日と定められた。我が国初の近代民法典の誕生である。明治二三年一一月の第一回帝国議会開会を待たずに公布したのは、不平等条約改正のために近代民法典を持つことを急いだからである。

法典論争

しかし、ここから先は、高校で日本史を勉強した読者は記憶されているかもしれないが、いわゆる法典論争が起こり、その結果、旧民法典は、公布されたもののそのまま施行延期となるのである。

この法典論争については、いろいろな研究がされている。学者の学派の争いでもあったが（延期派はイギリス法派、断行派はフランス法派。学理的な争いよりも、それぞれの法学校の存亡をかけるというところもあった。なお、この段階ではまだドイツ法学派は形成されていない）、政治的・思想的なさまざまな思惑も加わっていたようである。すなわち、国内的には、「保守主義と進歩主義、あるいは国権主義半封建的旧慣尊重主義と自由民権主義個人主義の相克という政治的社会的イデオロギーの戦い」（星野通《とおる》『明治民法編纂史研究』ダイヤモンド社）であったと評されている。また、公布を急いだ元老院での審議手続きも批判の対象となった。

両派の学者は、当時の法学校の機関誌などに論文を発表して応酬しているが、当時の公開討論会の記録を読むと、延期派のアピールは、有名な穂積八束《ほづみやつか》の「民法出デテ忠孝亡ブ」のスローガンのように、大まかなものが多く、それに対して断行派は、水町袈裟六《みずまちけさろく》らが、そのような極端に自由主義的な規定になっているわけではない（これは後世の研究では水町らの言うとおりという評価が多いのだが）ことを実際の条文を示してひとつひとつ丹念に応答しているのが印象的である（なお、最大の争点となった旧民法の人事編つまり家族法の部分は、もともとボワソナードではなく日本人委員が起草していることは先に述べたとおりである）。

けれども、明治二五（一八九二）年、第三帝国議会に提出された民法商法施行延期法律案は、激論の末、貴族院、衆議院で大差で可決され、内閣に提出された。当時は内閣（総理大臣伊藤博文《いとうひろぶみ》）が最終決定の権限を持っていたのだが、閣内の意見も賛否が二分され、西園寺公望《さいおんじきんもち》を委員長とする民法商法施行取調委員会を設けて審議させても六名対六名の同数となり、最終的には内閣が施行延期を決断するのである。延期は同年一一月二四日の官報で公布された。旧民法典は「其ノ修正ヲ行フカ為明治二十九年十二月三十一日マテ其ノ施行ヲ延期ス」ということになったのである。

この法典論争を、社会のどのレベルでとらえるか（つまり為政者や学者のレベルの議論として把握するか、もう少し市民レベルまで広がった議論だったのか）も、本書の立場からはなおじっくりと分析したいところである。たしかに法学界を総動員し、それに法律に詳しくない政治家たちまでも加わった大論争ではあったのだが、これまでの研究書では、その市民レベルから検討する観点が不足しているように思われる。

そして、市民の関与度については正確には計りかねるものの、結果的にはひとつの「時代意思」というべきものが、この延期派勝利すなわち「旧民法典の拒絶と作り直し」という選択に現れているように思われる。また、その結果受容された明治民法は、じつはボワソナード旧民法の内容をかなり色濃く継受しているということも、また象徴的である。

つまり、単純な一般化は適切ではないが、日本という国は、外国の文化等を何でも取り入れるといわれるが、歴史をつぶさに見ると、いったんそれなりの拒絶反応をして、しかし結局は適当にかたちを変えつつも取り込んでいる、という状況がいろいろと目につく。それらの良し悪しを論じるよりも、それがこの国のこれまでの生き方なのかもしれない、とも感じられるのである。

明治民法典を起草した委員たち

明治民法典は、当時の最新の立法（案）だったドイツ民法草案を参照し、編別についても、旧民法典のかたちから、ドイツ民法典に似た、最初に総則を持ってくるパンデクテン・システムに改めたため、一時は、内容についてもドイツ民法の影響がもっとも強くなったと理解されていた（これは、大正から昭和にかけての我が国の民法学が、ドイツ法学全盛であったことにもよる)。

しかし、実際は、先にも述べたように三名の起草委員(穂積陳重、富井政章、梅謙次郎。いずれも帝国大学法科大学教授)は、明治政府から「既成法典(ボワソナード旧民法典)の修正」を命じられて作業をしたこともあり、ボワソナード旧民法の規定がほとんどそのまま残っている箇所も多くある。したがってそこでは、ボワソナード独自の規定もあるが、基本的にフランス民法の影響が強い。

これらのことは、昭和四〇年代になって、逐条的に立法沿革を分析した星野英一博士らの研究によってようやく正確なかたちで明らかになった。全体としては、仏独の影響はほぼ半々で、民法総則分野では若干ドイツ法の影響が強く、債権総則の分野では逆にフランス法の影響のほうが強い、という印象がある。

ちなみに、三起草委員は、「分担起草、合議定案」という起草方針を取ったが、実際には、その分担起草者(法典調査会では条文の最初の提案説明者になっている場合が多い)の傾向がそのまま最終案に出る傾向が多少見て取れる。

起草委員のうち最年長だった穂積陳重は、イギリスに留学して、日本人としてははじめてイギリスの法廷弁護士の資格を取得した人物であるが(彼はその後ドイツにも留学する)、彼の分担部分は、よく言えば広範な比較法の成果となっており(イギリスの判例を取り込んだりもしている）、言い方を変えれば、いささか無定見に思えるところもある（独仏両方の、機能面では似ているが発想がまったく違う規定を、二つとも取り込んだりしている）。富井政章は、フランスに留学したが、担当部分にはドイツ民法的な色彩が強い。最年少の梅謙次郎はフランスに留学しリヨン大学で学位を得た人物で、分担部分にはフランス民法の影響が比較的強く出ているように思われる。

フランス民法とドイツ民法

では、フランス民法とドイツ民法はどう違うのか。そもそも元はどちらもローマ法を淵源とするものなのだが、フランス民法は一八〇四年にでき、それに対してドイツ民法は、ちょうど日本が旧民法典を公布してその施行が延期になっている時期に草案ができ、日本がそれを参照して明治民法典を作った直後の一九〇〇年一月に施行されているものである。したがって、両者には一〇〇年の時代感覚の差があり、またフランス民法のその間の発展の歴史をドイツ民法は参考にしているものである。ただそれらに加えて、両者の国民性の違いに起因すると思われる相違もいくつか目につく。

ひとつは、概念構成についてドイツ民法のほうが厳密で細かい傾向がある。たとえば、契約などを包括する「**法律行為**」という概念は、フランス民法の条文にはなくて、ドイツ民法にはある。そうすると、こういうところではドイツのほうが優れているようにも見えるが、じつは話はそう簡単ではない。たしかに法律行為という概念があったほうが説明に便利ではあるのだが、こういう概念の定義を正確に作ると、今度はその概念に似ているがそれとは異なるものをまた別のカテゴリーを作って説明しなければならなくなる（準法律行為という。説明は省略する）。ちょうど、新しい引き出しを作ってそこに入れるものを決めると、そこからはみ出すものを入れるためにまた新しい引き出しを作らなければならなくなる、といったようなことである。その意味では、フランスのように余計な引き出しを作らずに柔軟に運用するほうがかえって使い勝手がいい、ということも出てくるのである。

権利のない人に支払ったら——仏独の違い

さらに、あまり図式的に違いを際立たせるのも良くないが、一〇〇年の時代意識の差も加わってか、ドイツ民法のほうが機能的で、フランス民法のほうが倫理的、という感じのするところもある。

たとえば、先に穂積陳重の説明のところで、「独仏両方の、機能面では似ているが発想がまったく違う規定を、二つとも取り込んだりしている」と書いたところをその例として紹介しよう。

それは、二〇一七年改正前の日本民法典の、四七八条と四八〇条に見られた。何の話かといえば、本当の債権者でない人に支払った場合の弁済を有効にする話である（そんな話どうでもいい、とお思いかもしれないが、じつは最後にこれが読者の皆さんの日常生活にひじょうに密接に関連した話になるので、ぜひおつきあいいただきたい）。

権利のない人に払ったって有効な弁済にはならないでしょう、と読者の皆さんはおっしゃるだろう。もちろん、原則はそのとおりである。ただ、誰が見ても債権者、という人に払った場合はどうだろうか。たとえば、ある村のAさんという人が亡くなった。Aさんの身寄りといえば、戦争に行った一人息子Bと、Aさんの弟Cがいるだけだった。Cは同じ村で暮らしていたが、Bのほうは長く戦場から帰らず、村人はみな戦死したものと思っていた。そこで、Aさんに借金していた債務者Dは、CがAの相続人と信じて、Cに弁済した、というケースである。

そうしたら、ある日ひょっこりBが生きて帰ってきた。息子Bが生きているのなら、Aの相続人はBである。そして、子供が生きているのなら、死者の弟は相続人になれない。では、Dのした弁済は無効か。それはDにあまりに気の毒だろう。

こう考えて、フランス民法では、Cのような人を、債権者らしい外観を占有している者として（「占有」については、第三章で説明する）、そういう人に対してした弁済は、誰でも間違えるやむをえないものなのだからという理由で、有効としたのである。これは、やむをえない過誤を救う、最低限の倫理的な対処をする趣旨の規定であった（したがって現代のフランスでもこの規定を使った例は少ない）。そして、この規定はフランス民法にあってドイツ民法には存在しないのである。

一方、ドイツのほうは、こういうことを考えた。弁済を請求する人が債権者であろうがなかろうが、また受取りの権限を持っている人であろうがなかろうが、とにかく受取証書（正式の領収書）というものを持っている人に払えば、有効な弁済としようというのである。もちろんこれは、弁済の効率化や取引の円滑化を図った、積極的な規定である。そしてこの規定はフランス民法にはない。

日本の取り込みとその後の意外な展開

こういう、二つのまったく発想の違った規定を、穂積陳重ら明治民法の起草委員は、二つとも日本民法に取り込んだのである（フランス由来のほうが債権準占有者に対する弁済という旧四七八条〔現在は一部修正〕、ドイツ由来のほうが受取証書の持参人に対する弁済という旧四八〇条〔現在は削除〕である）。

その論理がどんなものだったのか（二つの発想の違いをしっかり認識していたのか）という疑問

もあるが、それはさておき、この話はその後の我が国での展開が面白い。

取引の円滑化、活発化を積極的に意図していたと思われるドイツ生まれの四八〇条は、じつはその後日本ではあまり活用が広がらなかった。そして、万人の過誤を救済する最低限のルールであったはずのフランス生まれの四七八条が、判例・実務で頻繁に使われ、四八〇条のほうは最終的に削除されるという、意外な展開になっていくのである。

銀行預金の過誤払いへの活用

それは、じつに日本的な現象であった。この、債権者らしい外観を持った者への弁済の規定が、我が国では、通帳や印鑑を盗んだ人に対する銀行の善意での(事情を知らない)払戻しを正当化するために、爆発的といってもよい広がりで使われたのである(それも、条文通りの「弁済」に対する適用事例から、預金担保貸付のような関連事例への類推適用にまで広がる)。

その理由としては、まず解釈論として、日本では「債権準占有者(フランスでは「債権占有者」と表現されていたもの)」という概念が、「債権者らしく見える者」というようにあいまいに理解されていたことから解釈の拡大を導いたということがいえる。また、実際には、銀行預金の関係での我が国の法律に、このような過誤払いの免責に関する規定がなかったことが大きな理由である。さらに、フランスでは、印鑑というものが日常生活では使われず、通常サイン取引であるから、基本的にサインはその本人にしかできないので、通帳と印鑑を持ってきた第三者に払う、という状況が出てこないということもある（ただし、往年のフランス映画の名作『太陽がいっぱい』では、アラン・ドロンが演じる主人公が、殺害した友人のサインを練習して偽造するところが出てくるが）。

もっと専門的に言うと、フランスの「債権占有者」は、先ほどの例での、相続人らしく見えた弟Cのように、誰が見ても債権者その人の地位を持っているように見える人を指すので、通帳と印鑑を所持していても、債権者その人らしい地位があるわけではない（フランスでは実際、債権証書を持っている人というのは債権占有者にならない。また、日本では、女性名義の通帳を代理人と自称する男が持ってきても債権準占有者（現在の条文では「受領権者らしい外観を有する者」）にしてしまうのだが、フランスでは代理人には債権者その人自身らしい地位があるわけではないので、債権占有者と認められていなかった）。

私は、この民法四七八条の適用拡大現象を、日本の外国法取り込みのひとつの象徴的なかたちととらえている。そして、私自身は、かつてはこれを、沿革から考える解釈論からすればひじょうに適切でない用い方と批判していたが、今では、これも民法典というものが持つ柔軟な紛争解決能力のひとつの表れと見るべきではないかと考えるに至っている。

通帳・印鑑やカードのデータが盗まれたら

ここまでおつきあいいただいたので、現在の我が国での、通帳・印鑑の盗難の場合の特別法による保護のお話をして、ちょっと安心していただこうと思う。

通帳と印鑑を盗まれたとか、キャッシュカードを落としたなどという場合は、とにかく一刻も早く金融機関に連絡して、支払いを止めてもらったり、カードを無効にしてもらう必要がある。連絡してしかるべき処理が終わった後で払い戻したりすれば、それはもちろん金融機関のほうが全面的に責任を負う。

問題は、盗難に気がつくのが遅れたり、最近のコンピューター利用の犯罪で、印鑑の印面をコンピューターで写し取られたり、キャッシュカードのデータをコピーされてしまった場合などである（印鑑もカードも手元にあるので被害者は気がつかない）。当初はこれらの場合も、払出しをした金融機関は、右の民法四七八条で免責されるという時代があったが、現在では、偽造や盗難のキャッシュカードを使った犯罪については、そのようなデータを盗み取られるようなシステムでサービスを提供している金融機関側に一定の責任を負わせる特別法が作られている。

具体的には、偽造や盗難のキャッシュカードによるＡＴＭ（現金自動出入機）からの預金不正引出しの犯罪が続発したため、それに対して金融機関が補償する、偽造・盗難カード預貯金者保護法というものが作られ、二〇〇六（平成一八）年二月から施行されている。これによって、暗証番号をカードに書き込んでいたなどの重過失がないかぎりは、偽造カードについては全額補償、盗難カードについても、原則は全額補償だが、生年月日を暗証番号にしていて何度も変更を促されたのに変えなかったなどの過失があれば七五パーセントが補償されることになった。これは、預金者が気づいて届け出る前に引き出された分についても、原則として預金者の届出から三〇日前までの被害ならば補償される。

というわけで、少しはほっとしていただいていいのだが、補償額が下がらないようにするには、暗証番号には生年月日を使わないこと。といっても、いくつもの暗証番号を頻繁に変えると、肝心の本人がわからなくなってしまうというのが、現代の一般市民の共通の悩みかもしれない。

第二次世界大戦後の家族法大改正

話が財産法の分野でいっぺんに現代まで来てしまったが、家族法の分野はどういう展開になったのか、簡単に触れておこう。

明治民法典の第四編親族、第五編相続の部分は、まだ家制度等を残す、封建的な色彩があった（そもそも当時は、第四編と第五編を家族法とは呼ばず、身分法という呼び方が一般にされていた）。そこで、第二次世界大戦後に、昭和二一（一九四六）年の日本国憲法の制定を受けて、翌昭和二二（一九四七）年に大改正がされた。この改正で、長子相続（家督相続）の制度が廃止され、いわゆる妻の無能力の制度などが改められた。

この家族法の全面改正によって、今日の社会の家族のあり方の基本が作られた。戦後しばらくは、この新しい家族法が、市民の意識や習俗をリードする（法律のほうが社会の実態よりも先進的なものになっている）かたちになっていったのである。それがだんだんと、市民の意識が法に追いつき、追い越していくようになる。その具体的な内容については、本書第四章で紹介することにしたい。

なお、明治民法典は、文語体、カタカナ書き、旧かな遣いで書かれていたが、家族法の部分は、その昭和二二年大改正の際に現代語化され、口語体、ひらがな書き、新かな遣いになった。したがって、二〇〇四年の財産法部分の現代語化の際には、いくつかの用語の置き換えや用語の定義を加える程度にとどまっている（池田真朗編『新しい民法――現代語化の経緯と解説』有斐閣、本山敦執筆部分参照）。

民事大立法時代へ

さて、現代は、民事のさまざまな法律があいついで改正されたり改正審議に入ったりしており、民事大立法時代の到来とか、我が国の第三の立法変革期に差し掛かっている、などということがいわれる。第三、というのは、明治民法の制定期を第一期、戦後の家族法大改正等の時期を第二期として、今がその第三期に当たるというのである。

その傾向は、平成年代に入ってはっきりし、ことに平成一〇年代以降に顕著になっている。ちなみに、最近の民法本体の主要な改正としては、一九九九（平成一一）年の無能力者制度の改定や成年後見制度の創設による第一編（総則）の改正、二〇〇三（平成一五）年の担保・執行法制の見直しによる第二編（物権）の改正、二〇〇四（平成一六）年の財産法部分の現代語化（ひらがな口語化）および保証制度の見直し、二〇〇六（平成一八）年の法人制度改革にともなう第一編（総則）の改正、が挙げられる。

これら以外に、いくつかの特別法や特例法（民法の条文はそのままにしつつ別のやり方を創設するもの）も作られている。一九九一（平成三）年の借地借家法（大正年代にできていた借地法と借家法を一緒にし、借りる側の保護の強化の進展に一定の歯止めをかけて貸す側の利益の擁護も図ったもの）、一九九四（平成六）年の製造物責任法（民法の不法行為の損害賠償について、製造物と呼ばれる範疇《はんちゅう》のものについては、被害者の損害賠償請求をしやすくしたもの。PL法とも呼ばれる）、一九九八（平成一〇）年の債権譲渡特例法（また後に触れるが、債権譲渡登記という制度を創設して、大量の債権の譲渡をしやすくしたもの)、二〇〇〇(平成一二)年の消費者契約法(民法の詐欺や錯誤に至らないものでも消費者が契約の取消し等をより容易にできるようにしたもの)などが挙げられる。

以上のように、現在はいわゆる民事の法律の大変革期が訪れていることが、立法の実績からも見て取れよう。

三つの社会変化

私法の基本法である民法は、一般法としての普遍性を持ち、もろもろの民事特別法の解釈基準となっている。したがって民法典は、その性格からして本来はそう頻繁に変わるものではないし、それに、軽々に変えると、予測可能性が下がって、社会の法的安定性が失われるという説明もなされてきた。

そうすると、この民法が変わるというのは、法の世界においてはかなりたいへんなことであると言ってよい。では、そのような民法典を変える必然の理由とは何か。基本法たる民法を変えさせるには、それ相当の大きな社会の進展や変革がなければならない。

現代の日本社会においては、ことに二〇世紀の終わりから二一世紀にかけて、我が国の年号でいえば平成年代に入るころから、大づかみに言って、社会の三つの動きが顕著になってきたように思われる。それは、社会の①情報化(電子化)、②国際化、③高齢化、の三つである。このうち、①②は世界各国共通のものとして先に掲げたが、③の高齢化が、民法の条文順でいうと早いほう（民法総則）にかかわるので、以下はそこから説明しよう。

高齢化社会への対応

現在の我が国の社会構造上の大きな問題は、高齢者の比率の増大であり、これは先進諸国の多くに見られる問題でもある。

民法がこれに対処した大きな出来事が、先に列挙したうちの、一九九九（平成一一）年の無能力者制度の改定や成年後見制度の創設による第一編（総則）の改正であった（二〇〇〇年四月から施行）。そこでは、加齢によって判断力を失ったお年寄りについての、より適切なかたちでの保護などを図ったのだが、発想としては、本人の意思や自己決定権の尊重、さらには、障がいのある人も家庭や地域で通常の生活をすることができる社会を作ろうとするノーマライゼーションの理念も考慮されている。

意思能力と行為能力

この問題を、民法の基本から説明すると以下のようになる。

本章の最初に、「人の一生と民法」というところで説明したことをくりかえしてみよう。人は出生したその日から、一人の人間として社会生活を営むための基本的な能力（権利能力）を認められる。そして、自分の自由な意思を他者に伝達して（意思表示）、他者との社会関係を作っていくことになるのだが、しかしまだ子供（未成年者）のうちは、十分な法的関係を作る能力（行為能力）を持たないから、その意思による社会関係の形成は、親の同意等、一定の形態での保護を必要とする。これは成年者であって精神の病気等で十分な判断力を持たない人の場合でも同様である（制限行為能力者の保護）、と書いた。

この最後のところに、「成年者であって加齢によって徐々に判断力を失っていく人」のケースなどを加えて考えてみようというわけである。

行為無能力者から制限行為能力者へ

そもそも、専門用語の上でも、民法はいささか差別的な色彩の強い言い方をしていた。一八九六（明治二九）年の制定以来、二〇〇〇年まで、右に書いた、他者との十分な法的関係を作る能力（行為能力）を持たない人を、「行為無能力者」と呼び、未成年者、禁治産者、準禁治産者の三つを規定していた。**未成年者**とは、以前は二〇歳未満の人であったが、現在は法改正で一八歳未満の人に変わった（民法四条は「年齢十八歳をもって、成年とする」としている）。「禁治産者」というのは、自分の財産を治める（管理や処分等をする）ことを禁じられる人、ということである。しかも禁治産者と宣告されると、戸籍にも書かれるという仕組みであった。準禁治産者は禁治産者に準じる者、という表現である。「無能力」と決めつけ、「禁治産」と強い言葉でレッテルを貼る、というのは、やはりかなり前時代的な処理であった。そのうえ、これまでは正常な判断力を持っていたのに、加齢によって判断力を欠いてくる老年者の保護を図る必要も強まった。

このような見地から、高齢者や精神上の障がいを持つ人の保護ないし福祉の増進と、社会のなかでできることはしていただこう、という発想から、**成年後見制度**というものを創設する民法改正がおこなわれたのである。

この改正によって、行為無能力者の語は、制限能力者に改められ、さらに二〇〇四年の現代語化改正の際に、制限行為能力者に改められた。

後見・保佐・補助

改正後の**制限行為能力者**としては、未成年者については変更がないが、禁治産者は「**成年被後見人**」（成年者だが後見人が付く人）に、準禁治産者は「**被保佐人**」（保佐人が付く人、「補佐」ではなく「保佐」と書くことに注意、保護して助ける意味である）に改められ、さらに軽度に判断能力を欠く人を考えて「**被補助人**」（補助人が付く人）のカテゴリーが新設された。

これらはどういう機能を果たすものかというと、たとえば、精神上の障がい（加齢による病気の進行等も含まれる）によって物事の判断能力（法文では事理を弁識する能力という）がない状態の人について、家庭裁判所が、本人、配偶者その他の近親者などの申請によって、後見開始の審判をした場合、その審判を受けた人を成年被後見人とし、成年後見人が付けられる。そして、成年後見人は、成年被後見人のした法律行為を取り消すことができるのである（民法八条〜一〇条）。また、成年被後見人ほどではないが、物事の判断能力が著しく不十分な人については、保佐開始の審判によって被保佐人とされて保佐人が付けられ、法の定める一定の重要な行為については、保佐人の同意を要し、同意なしにした行為は取り消すことができる（民法一一条〜一三条）。さらに軽度に判断能力を欠く人（良い表現ではないがいわゆる「まだら呆《ぼ》け」のような状態の人などを指すとされる）の場合は、審判によって被補助人として、補助人をつけ、当事者が選択した特定の法律行為をするのに補助人の同意が必要とすることができ、同意を得ないでしたものは取り消すことができる（民法一五条〜一七条）。

つまり、この改正では、よりきめ細かな段階的な保護を考え、従来よりも保護の対象となる人の範囲を広げるとともに、逆にその人のできる範囲ではその人自身の判断を尊重しようという発想に立った改正をしたわけである。

未成年者の行為の取消し

右のように、制限行為能力者を保護する具体的な手段としては、制限行為能力者のした法律行為を取り消せるという規定が置かれている。取消しとは、遡って最初からなかったことにするというものであることは、すでに本書の序章で説明した。

ついでに、制限行為能力者のもうひとつのカテゴリーである未成年者の場合について説明をしておこう。もし、高校生の子供がセールスマンにすすめられて何十万円もする品物を買う契約をしてしまったときにどうしたらいいか、という例で考えてみると、民法五条によって、未成年者は、契約などの法律行為をするには、**法定代理人**（法の定める代理人）である親（親権者。親権者がいない場合は後見人）の同意を得なければならず、同意なしにした場合は、本人や親などが、それを取り消して、なかったことにできる、ということになる（民法一二〇条）。もっとも、民法はしっかり気を遣って規定をしており、親が何に使いなさいと目的を定めて処分を許した財産は、未成年者が随意に、つまり自由勝手に処分できるし、好きに使っていいよと、目的を定めないで処分を許した場合も同様であると定めている（五条③項）。

なお、以前は未成年者でも婚姻（結婚）をした場合は、成年者になったとみなされる規定があった。社会から成年者と同じ判断力と責任を持てる者として扱われるという趣旨であったのだが、現在の日本民法では、婚姻可能年齢は、男女とも一八歳と変わったので（民法七三一条）、未成年者の婚姻はなくなった。

社会の情報化（電子化）への対応

話を現代の立法動向に戻そう。情報化（電子化）社会への対応というと、すぐに個人情報保護の問題が読者の皆さんの頭に浮かぶと思われるが、いわゆる個人情報保護法の問題は、行政法の分野で扱われる話になる。民法の関係では、どちらかというと、電子化（よりわかりやすくいうとコンピューター化）への対応が問題になる。具体的には個人や法人のする電子的な取引とか、登記制度の電子化などの問題が民法で対応すべきものの中心となり、これまでは、民法本体の改正よりも、民法の特別法や特例法を作って対応するかたちになっている。

ネットショッピングの「錯誤」——電子消費者契約法

たとえば、一般市民がパソコンで慣れないインターネットショッピングをして、ついうっかり画面の「承諾」というところをクリックしてしまったとしよう。それで、契約は成立しました、あなたは購入の義務があるのだから、代金を払わなければなりません、ということになったら、これはかなり問題である。

　そこで、二〇〇一（平成一三）年には、「電子消費者契約及び電子承諾通知に関する民法の特例に関する法律」（電子消費者契約法と略す）を作ってこの問題に対処した。どういうやり方をしたかというと、民法は、先に序章で説明した詐欺による取消しの隣の条文で、錯誤というものを規定しているのだが（民法九五条）、この条文について（条文はそのままにして）コンピューターでの契約の場合の特例を作ったのである。

　つまり、**錯誤**というのは、すでに第一章にも出てきたが、完全な思い違いや書き間違いなどで、内心になかった意思を表示してしまった場合に、それを錯誤によって取り消す、と主張できる規定なのだが、当時はその条文のただし書《がき》に、意思を表示した人に重大な過失があったときは自分からその無効を主張することはできないという規定がついていたのである（当時の民法九五条は、「意思表示は、法律行為の要素に錯誤があったときは、無効とする。ただし、表意者に重大な過失があったときは、表意者は、自らその無効を主張することができない。」という条文である。法律学では、最初の一文「……無効とする。」までが、「本文」と呼ばれ、「ただし……」以下が「ただし書」と呼ばれる）。

　この規定に対して、消費者が、コンピューターで申込みや承諾の意思がない（あるいは別の意思があった）のにその旨を送信してしまった場合には、「民法第九五条ただし書の規定は、……適用しない」という規定を作ったのである。これによって、消費者は、うっかりとクリックしたのが重大な過失であっても、錯誤により取消しという主張ができるようになったのである。

もちろん、消費者側のあまりに恣意的な主張を許すのもよくないので、この法律には、事業者のほうがその申込みや承諾の画面に、「その消費者の申込みもしくはその承諾の意思表示を行う意思の有無について確認を求める措置を講じた場合」などは、この限りでないという規定が置かれた（電子消費者契約法三条ただし書）。わかりやすくいえば、事業者としては、消費者がうっかりクリックしてしまわないように、画面で、これでいいですね、とくりかえして確認を求めるようにしなさい、そうしないと、消費者は錯誤取消しの主張ができますよ、というルールにしたのである。

この法律ができたので、現在は一般のインターネットショッピングその他自動車保険等の申込みなどでは、画面の上で何度も確認を求めるかたちになっているはずである。もし悪質な業者が、消費者を誘い込むような画面で、一度申込みや承諾（しかも明確に「申込み」とか「承諾」などと書いていない場合もある）をクリックしただけでもう、「あなたは契約をしました、いついつまでに代金○○円をお支払いください」という画面が出るようにしていたら、それはこの電子消費者契約法を使って錯誤取消しの主張ができる悪質なものなので、安心していい。

うっかりクリックした場合

そんなわけで、読者の皆さんへのアドバイスとしては、うっかりクリックしてそういう画面が出てもあわてないこと、である。あわてて、「確認やお問い合わせはこちらへ」などと書いてあるところにメールすると、相手の業者に自分のメールアドレス等の情報を取られてしまうので、放っておいたほうがよい。

放っておいても支払請求の画面が消えないとか、何かしつこく催促メールが来るようになったという場合には、近くの消費生活センターに相談すればよい。

債権譲渡についての電子化登記の創設

以上は、消費者契約における電子化に対する対応策であったが、逆に民法が企業や個人事業者の取引法として使われる場面で、手間を省き効率化を図るために手続きを電子的におこなう改良を加えたところもある。また後に詳しく説明するが(第五章)、一九九八(平成一〇)年にできた債権譲渡特例法という法律は、民法四六七条が、債権を譲り受けた人がそのことを世間の人に主張し対抗できるためには、債権譲渡ごとに、譲り渡した人からその債権の債務者に、確定日付のある証書による通知をするか、確定日付のある証書による債務者の承諾がなければならないとしているのを、法人のする金銭債権の譲渡にかぎっては、何十何百という債権の譲渡でも、それらの譲渡情報をひとつの磁気ファイル（一昔前ならフロッピー、今でいえばＵＳＢメモリのようなもの）に入れて、法務局の登記所に登記すればいい、としたものである。ここで創設された債権譲渡登記というものは、我が国の登記のコンピューター化の第一号となった（その後二〇〇四年には動産譲渡の登記も創設されて、法律の名前も動産債権譲渡特例法に変わる。このあたりも後で詳しく説明する）。

社会の国際化への対応

じつは、民法に関していえば、最後の国際化への対応が一番遅れていたと言えそうである。

民事取引の世界では、企業間の取引ばかりでなく、個人でもインターネットで海外から物を買うというような、国際的な取引は増えてきている。もっとも、国際取引とか、国際結婚などの場合に、それぞれの取引や婚姻について、どこの国の法律が使われることになるのか（**準拠法**という。当事者のどちらかが住む国とか、取引のおこなわれた国とか、当事者が決めた第三の国とか、決め方はいろいろある）を決めるのは、民法ではない。それは、国際私法という法分野の話になり、具体的にその決め方を書いてある日本の法律は、「法の適用に関する通則法」というものになる。

しかし一方で、ヨーロッパの諸国を中心に、国際的な取引についてのルールを条約というかたちで統一しようという動きが、盛んになる。たとえば、EU諸国のあいだで頻繁に国際的な売買などをする場合に、いちいちどの国の法律を使うかと決めるよりも、国際条約で共通のルールを作り、それに従えばよいと考えるのはごく自然なことである(その場合には、国内での取引は各国の民法に従い、国際的な取引は条約に従う、ということになるので、直接には、各国の民法が違うルールを持っていてもそれほど不都合はない。ただし、それなら各国の民法も同じルールにしておけばもっと違和感がなくなるということもたしかである。このあたりはまた本書の最後のほう(第一〇章)で触れる)。

ウィーン売買条約

代表的な国際ルールを統一する条約が、国連の国際商取引法委員会というところが作った、「国際物品売買契約に関する国際連合条約」(一般に、「ウィーン売買条約」と呼ばれる)である。これは一九八〇年に採択され、一九八八年一月に発効したものである。以来、アメリカ、ドイツ、フランス、中国など主要な七〇ヵ国がその締約国となるという、いわば世界に浸透した条約となった。そこに示されたルールは、いわば国際的な共通契約法という地位を得るに至っており、各国の国内法にも影響を与えはじめているとされる。

日本はようやく二〇〇八年にその七一番目の締約国となった。これは、世界でもひじょうに遅い対応であったといえる。もっとも、契約は自由であるから、日本の企業が一方の当事者となる国際的な契約でも、細かい条件を当事者がウィーン売買条約と同じような合意をして個々の契約書に書き込めば、とりあえずは条約に入らなくても支障はないので、ずるずると延びてしまったともいえる。現在我が国でおこなわれている民法（債権関係）改正作業で出されている案に、このウィーン売買条約の影響が相当に見て取れるのは、理由のないことではない。

国連国際商取引法委員会

ちなみに、国連の国際商取引法委員会（略称はＵＮＣＩＴＲＡＬ）というのは、ウィーンに本部を置く、国連総会直属の機関のひとつで、世界の取引法ルールの統一をその目的としており、右のウィーン売買条約のような、条約のかたちで統一化を図ったり、モデル法といって、直接の拘束力はないが、将来的にこのモデル法のようなものを各国に作ってもらう、というかたちで緩やかに統一化を図るものを作成したりしている。

じつは私も、一九九五年から二〇〇一年に、このUNCITRALの国際契約実務作業部会というところに日本からの代表（各テーマごとに一名のみ）として参加し、国際債権譲渡条約というものの立案に関与した。これは、国際的な債権譲渡について、対抗要件ルール（これについては後で説明する）などを統一化しようとしたもので、事務局は、コンピューター化した登録制度の成立をめざしたのであるが、実際にはそこまで加盟国の意思統一ができず、対抗要件ルールはいくつかの案の併記になり、しかも二〇〇一年に採択はされたのだが、まだ署名国が少なく発効に至っていない。

話が国際的なところまで行って、いささか読者の皆さんの身近な感覚から遠ざかったかもしれない。本章で概観した全体像を、以下の各章では、具体的に市民目線で見ていくことにしよう。

第三章　実践　市民目線の民法学

電車の網棚のスポーツ新聞

ここからは、序章で述べた「市民目線」ということをより強く意識して記述をしてみたい。まずはごくごく身近な市民生活のひとコマから、民法その他の法律のルールの意味を考えてみよう。

最初の事例は、通勤電車の網棚に載っているスポーツ新聞を読むのは、あるいは持ち帰るのは、してよいことか、してはいけないことか、というものである。

まず、「いけない」というのはどういう意味か。いわゆる刑事法的な犯罪あるいはそれに準じる何らかの制裁を受けることか、という意味でいえば、「所有者が完全に捨てた物を拾う」と評価される事実であれば、何らかの特別な法律や条例ができていないかぎり、刑事法的な犯罪等にはならないと思われる（しかし、後述するように、これが忘れたりなくしたりした物だった場合は、事情はまったく異なる）。

つぎに、倫理的に、つまり生活規範としてよくないことかというと、じつは考え方は人それぞれに分かれうる。一昔前であれば、人が捨てた物を拾うのはいやしい行為であって、するべきではない、と説く人が多かったと思う。けれども、最近であれば、公共の車内に読み捨てるのがよくないことなのであって、たとえばそれを読んで駅のゴミ箱に捨てたり、家でゴミとして出すのであればかえってその方が社会環境によいのだ、という意見もあるかもしれない。なかには、そんな誰が触ったかわからないものに触れるのはいけない、という衛生上の理由を説く人もいるだろう。それに対して、情報の有効利用なのだから、そんな潔癖すぎることを言う必要はない、と思う人もいるかもしれない。そのどれがいいか悪いかということではなく、犯罪にならない行為であれば、それらの考え方はどれも等しく許容されるのが今日の市民社会なのである。

所有権とその放棄

このような議論を整理するために必要なのは、まず、犯罪その他の社会的に制裁を受ける行為になるかならないのかの基準を見つけ出すことだろう。そしてそれが、刑法と民法の境を見出すことにもなる。

そうすると、右の電車内の新聞の例は、新聞の元の所有者がその所有権を放棄したのかどうか、というところがまず判断基準になりそうである。それに加えて、刑法の判断でいえば、客観的にみて許容できる行為なのか、社会的に制裁を加えるのが相当な行為かどうか、ということも基準になりそうである。

これに対して民法の発想の基本は、いかに他人に迷惑をかけずに自由を享受するか、というところにある。奇《く》しくもこれは、福澤諭吉が『学問のすゝめ』初編で語っていたことであり（人の分限とは「他人の妨を為さずして我一身の自由を達することなり」という）、また、前出のボワソナードも、民法の格率をたったひとつに絞るのであれば、「人を害する勿《なか》れ」（Ne lésez personne）という一文に帰する、と言っているところである。

したがって、自分の物に対する権利を侵害されたら、当然に妨害の排除ができる。もちろん、自分の物でなくする（捨てる）ということも基本的には自由にできるのだから、自分の物でなくなった後は、他人が自由にしてもよいということになろう。もっとも、ゴミやいわゆる産業廃棄物等を勝手に捨ててはいけないのは当然である。捨てられた先の土地の所有者や周辺の住民に迷惑をかける（それらの人びとの権利を侵害する）からである。

「持っている」とは——所有権と占有権

それではここで、そもそも民法は、人がある物を「持っている」ということをどう法律的に説明し評価するのかを見ておこう。日本民法典では、第二編物権のところの話になる。

法律的に、人がある物を自由に使用し、収益を上げ、処分できる権利を持っているとき、その人を所有者と呼び、その権利を**所有権**と呼ぶ（民法二〇六条）。これは、物をただ支配している、というのとは異なる。たとえば、グラウンドにサッカーボールを抱えて立っている少年がいたとしよう。その少年がサッカーボールの所有者かどうかはわからない。ボールは親のものかもしれないし、友達のものかもしれない。少年が通っている学校のものかもしれないし、サッカースクールのものかもしれない。こういうときには、民法はその状態を「**占有**」と呼び、その少年が（所有者かどうかにかかわらず）とりあえずそのボールを持っている状態を保護する（こういう権利を「**占有権**」という）。とりあえず、と言ったのは、たとえば、所有者本人かどうかにかかわらず、自分の持っていた物を人が勝手に持っていったのなら、それを返せという**占有回収の訴え**はできる。けれども、その物の所有者だという人が現れてその所有権を証明したら（所有権の確認訴訟）、占有者は負けてしまう、ということなのである。

自転車泥棒から考える

たとえば道路脇に放置してある自転車を考えてみよう。これは、無施錠で何日も置きっぱなしだとしても、たとえば所有者がどこかに出かけるのにここまで乗ってきて、忘れたのかもしれない。いずれにしても、所有者にはこの自転車を捨てる、つまり所有権を放棄する意思があるとは明確にはわからないとしよう。そうであれば、この自転車は、所有権のありかはともかくも、所持していた人の占有を離れた状態にある、ということになる。この自転車を、他人が勝手に乗っていった場合、これは「占有離脱物横領」という、立派な犯罪になるのである（刑法二五四条、落し物を取ったのと同様に、遺失物等横領罪ということになる）。もちろん、近くのコンビニに行くので置いた、という程度では、占有離脱物とさえ言えないので、駐輪場にある他人の自転車を盗むのと同様の窃盗罪（刑法二三五条）になってしまう。窃盗罪については、一般市民でも常識として知っているだろう。

考え方は、傘立てにある他人の傘を持っていくのと同じである。傘でも自転車でも、大したことはないと思う人がいるかもしれないが、犯罪に変わりはない。

年配の世代なら、イタリア映画の名作『自転車泥棒』を覚えている人も多いだろう。ヴィットリオ・デ・シーカ監督のこの作品は、第二次世界大戦後の貧困のなかで、仕事のために家財を質に入れてようやく手に入れた自転車を、盗まれてしまった親子の行動を描いた、なんともやるせない作品である。戦後六〇年以上経った今、たしかに物の価値は変わったかもしれないが、他人の物に対するモラルにも、その法的評価にも、基本的に変わりはない。市民一人ひとりの物を大切にする気持ちもまた、失いたくないものである。それどころか現実には、地球環境の維持や、我々が生き延びていくためにも、資源の無駄遣いが戒められる時代になっている。

ゴミ集積場に出したゴミは

では、ゴミ集積場に出したゴミは、所有者が単純に所有権を放棄したものとみてよいか。ここは難しいところである。古新聞のように、市場価値のあるいわゆる資源ゴミの場合や、プライバシーにかかわる廃棄物の場合がもっとも問題になる。基本的には、人が捨てたものであるならば、勝手に持っていってもそれをとがめる人はなかろう。けれども、古新聞を区や市町村のゴミ回収車のやってくる集積場に出した住民の意思は、これを区や市町村の回収業務にゆだね、間違いなく確実に処理してもらい、ひいては、その資源ゴミの処分によって得られる利益があれば、その区や市町村の収益としてほしい、という内容のものと推定できるのではなかろうか。

そうしてみると、このゴミを集積場へ出す行為は、民法的には、住民と地方公共団体とのあいだの、処分委任契約（処分業務を無償で、と言っても税金が使われてはいるのだが、委託し、収益が出ればそれは受任者たる地方公共団体に贈与し自由に使ってもらうという内容の契約）とみることもできよう。そうすると、これを集積場から勝手に持ち去るのは、委任者たる住民の期待と受任者たる地方公共団体の利益を侵害している行為であって、やはり社会的に非難されるものということになるのではなかろうか。いくつかの地方公共団体が、条例で、古新聞の回収業者等に集積場のゴミの勝手な引き上げを禁じているのは、このような理論構成からである。

所有権の移転——どうやって、いつから自分のものになる?

それでは、今度は、物を拾ったりする話ではなく、しっかり自分のものにする話を考えてみよう。代表的なものは、他人から売買契約でお金を払って買ったり、贈与契約でもらったりというものである。その他人がじつは所有者でなかった、というとまた別の問題が出てくるのだが、ここは素直に、所有者からきちんと買ったりもらったりする場合を考える。

では、人から物を買ったときに、所有権はどの段階で移ったということになるのだろうか。

「それはお金を払ったときでしょう」というお答えがあるかもしれない。もちろん、そういう場合も実際には多い。けれども、お金は後払い、ということもあるだろう。正確な答えは、「それも当事者が契約で決めることができるが、決めておかなかったときは一応その契約の時」というものである(法律の文章では、ひらがなの「とき」は場合を表し、漢字の「時」は時点を表す)。というわけで、このあたりで、契約の話、そしてそもそも物権と債権の話、などをきちんとしておく必要が出てくる。

物権と債権

順序立ててお話ししよう。ここからはしっかり民法の話である。

人の、物に対する直接の支配権が**物権**であり、その代表的な、完全な（使用、支配、収益ができる）物権が所有権である。物権は、世間の誰に対しても主張できる権利である（対世的、絶対的な権利と表現される）。物権は、他人の所有物を自分のものにするには、遺失物の拾得や時効による取得などもありうるが、一般には、契約をして取得するケースを考える。

その所有権を取得できる契約の代表が**売買契約**である。**契約**というものは、二人以上の当事者が、売買であれば「これをいくらで売りましょう」という意思表示（申込み）と、「それをいくらで買いましょう」という意思表示（承諾）を合致させてする法律行為（法律上の権利義務関係を作り出す行為）である（贈与契約であれば、「これを（ただで）あげましょう」「それを（ただで）もらいましょう」という意思表示の合致ということになる）。

そうすると、この契約によって、まず**債権**が発生する（ここを勘違いしないでいただきたい。たとえば売買契約は、駅の売店で新聞を買う場合ならば、お金を渡して引き換えに

売買契約

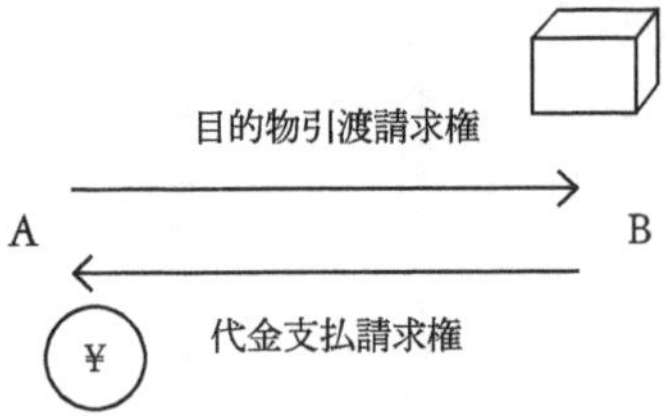

新聞をもらうのであるが、売買は、物を渡さないと成立しない契約ではない。**諾成《だくせい》契約**といって、合意だけで成立する類型のものである）。債権というのは、特定の人が、特定の人に対して、何らかの行為を請求できる権利である（それゆえ、物権と異なり、当事者だけを拘束する相対的な権利である）。したがって、売主には、買主に対して「代金を支払え」という代金請求権が発生し、買主には、売主に対して「目的物を引き渡せ」という引渡請求権が発生する、ということになる。

債権・債務と権利・義務

ここで読者から、「僕は高校で憲法のことを教わって、権利、義務という言葉を習いました。権利、義務というのと、債権、債務というのはどう違うのですか」というご質問があるかもしれない。大まかだがわかりやすいお答えとしては、債権・債務は、その権利・義務という広い概念の一部と考えていただきたい。人の「**権利**」には、選挙権とか生存権とか、人間として生まれた以上、社会に対して主張でき、また社会から庇護《ひご》されるべきさまざまな権利がある。また同様に、教育の義務とか納税の義務というように、社会に対して果たさなければならない「**義務**」もいろいろある。そういうものと異なって、特定の人と特定の人のあいだに成立する権利・義務が、債権・債務というものと考えていただきたい。

ちなみに、民法では債権（債務）の発生する原因を四つ定めている。その代表的な、一番多いものが**契約**である。二番目が、交通事故などの**不法行為**（損害賠償請求権が発生する）、あとの二つは、間違って他人に払われるべきお金が自分の口座に入金されてしまった場合のような**不当利得**（返還請求権が発生する）、さらにレア・ケースだが、頼まれていないのに他人のためになることをした場合（台風が来て隣の家の垣根が壊れ、隣家が留守だったので応急修理をしてやったなど）の**事務管理**（報酬はもらえないが、かかった費用の償還請求権が発生する）である。

売買契約

あらためて、売買契約というものを見てみると、売買は、「売りましょう」「買いましょう」という二人の合意で成立する（先述のように**諾成契約**という）。その結果、売主と買主の両方に「代金を払え」「品物をよこせ」という債権が発生する。債権を逆から見たものが**債**

務で、つまり、売主には、品物を引き渡す「債務」、買主には、お金を払う「債務」が発生する（こういう契約を**双務契約**という）。売買という以上は、売られる物に対して何らかの対価が払われる（**有償契約**という）。契約というのは、序章でも述べたように、契約自由の原則といって、千差万別、いろいろな契約ができ、さまざまな債権・債務を発生させることができるのだが、とりあえず、この売買という契約の代表選手を頭に入れていただこう。

そうすると、この売買契約の効果として、所有権という物権の移転も生じるのである（ここでも一言お話ししておく。**効果**というのは、柔道でかつて使われていた「効果」とか化粧品の「美肌効果」のような「ききめ」という意味ではない。民法などでは、**要件**と効果という、セットになった表現が使われるのだが、これとこれとこれがそろえばある法律規定が使われることになる、というのが「要件」で、そうなった場合にどういうことになるかというのが「効果」と表現されるのである）。

そして、所有権の移転時期については、当事者が何も定めておかなかったときは、契約の時に移転したものと一応考える（一応、というのは、法律の条文には書いていないことがらだからで、判例、通説がそう考えているということである）。

したがって、品物の引渡しと代金の支払いについては、当事者の力関係などで品物の引渡しが先で代金支払いは二ヵ月後と決め、所有権移転時期は決めなかったなどという場合は、一応契約時に物の所有権は移っている、と理解される（もちろん、その後支払いがなければ、売主は契約の解除とか損害賠償の請求はできる）。逆に、支払いは分割払いにして、品物は渡しても、「代金完済まで所有権は売主にある」と明示して契約するケースもある。これは「**所有権留保**」というやり方で、車の販売などでもよくおこなわれている。何のためにするのかといえば、買主の代金支払いの担保のためで、買主が途中で支払いをやめたら、売主は、留保されている所有者としての権利を使って、目的の車の返還請求などができるようにしているのである。

マイホームの購入

さて、ここからは、市民目線でもだいぶ大きな買い物をすることを考えたい。想定する事例は、一生の買い物であるマイホームの購入である。買うのはマンションでも、頑張って土地付きの一戸建てでもいい。

土地や建物は、民法でいう**不動産**である。そうすると、マイホームを買う場合には、不動産の売買契約をするということになる。では、売主とのあいだで、不動産の売買契約を結んで、代金を支払い、引渡しを受けた（具体的には土地なら実際に自由に入れるようになること、一戸建ての家やマンションでは、鍵の受け渡しを済ませたこと）ということで、所有権も移り、自分のものになったと安心していいだろうか。

じつはそこまででは まだ安心できないのである。極端な話をすると、その段階ではまだ他人に取られてしまう可能性が残っているのである。

「それは登記をしていないからでしょう」とおっしゃる読者が少なからずおられるだろう。その通り、それが正解である。

では、なぜ登記までしていないと、他人に取られてしまう（自分のものにならなくなってしまう）ことがありうるのだろうか。あらたまってこう聞かれて、きちんと答えられる読者はそれほど多くないのではなかろうか。まさにこれも民法の話である。

権利移転と対抗要件

先ほど、所有権は、特別の合意がなければ一応契約の時に移転する、と述べた。ただ一方では、所有権のような物権は、債権と違って、世間の誰にでも主張できる権利である、と述べた。そうすると、誰にでも主張できる、あるいは自分が権利者だと対抗できる、というためには、自分が新しく権利者になった、ということを何らかのかたちで世間に知らせなければならないはずである。

つまり、世間に知らせる（「公示する」という）手段を取ることによって、世間の誰にでも主張・対抗できるようにすることが考えられる。しかも、その知らせ方は、各人が私はこうする、と勝手に決めたやり方をするのでは困るから、法律が、一定の手段を決めることにした。それが、「**第三者対抗要件**」と呼ばれるもので、それが動産の場合は「**引渡し**」、不動産の場合は「**登記**」なのである（ちなみに、一般には当事者以外の人びとを「**第三者**」と呼ぶのであるが、正確に言うと、法律上、第三者対抗要件が必要なのは、泥棒なども含んだ全部の他人に対してではなく、新権利者になった人の権利と両立しない権利を得たと主張する人に対して、ということになる）。

意思主義と対抗要件主義

ここまでのことをまとめると、**動産**（不動産以外の品物等）でも不動産でも、合意だけで権利は移転する。この考え方を**意思主義**と呼ぶ。しかしそれは契約当事者のあいだのことであって、世間の第三者（当事者以外の人）に対抗するには、日本民法では、動産の場合には引渡し（民法一七八条）、不動産の場合には登記（民法一七七条）が必要ということになる。これが**対抗要件主義**と呼ばれるやり方である。

動産のほうは、権利移転の対抗要件は引渡しなので、品物を買ったらそれを受け取っていればいいわけで、その意味では簡単である。けれども土地や建物は、そう簡単にはいかない。引き渡されて持っている、という概念ではわかりにくい。土地に鉄条網をはりめぐらせて、看板を立ててここは誰だれのものだ、と市民全員がやるわけにもいかないので、登記という公示手段を採用したのである。

二重譲渡された不動産

それでは、登記をしておかないと他人に取られてしまう可能性がある、というのはどういうことか。

今、Aさんが自分の所有する甲土地をBさんに売り、二人は四月一日に契約書を取り交わして、Bさんはその日に代金一〇〇〇万円を支払い、甲土地の引渡しも受けた、としよう。ところが、その直後にAさんはCさんから同じ甲土地を一三〇〇万円で買うと言われて（CさんはAB間の売買がされたことを知らなかったとする）、事業の資金繰りに苦しんでいたAさんは、悪いと知りつつこの甲土地を四月五日にCさんに売ってしまい、その日に二人で法務局に行って、AからCへの移転登記手続も終えたとする。甲土地は誰のものになるのか。

答えは、後から買って登記を移したCさんのものになる、ということなのである。理由はこうなる。Bさんはたしかに四月一日に契約をして、ABのあいだでは所有権がBさんに移ったはずなのだが、Bさんは第三者対抗要件である登記をまだしていないので、第三者（世間の、自分の権利と両立しえない権利を持つと主張する人びと）に対して自分が所有者になったと主張・対抗できない（もちろんCさんに対しても対抗できない）。これに対してCさんは、事情を知らずに（善意で）後から譲り受け、登記も得たので、第三者に対して自分が所有者であると主張・対抗ができる。つまりCさんはBさんに対抗でき、BさんはCさんに対抗できない。その結果、Cさんが唯一の所有権者になり、Bさんの権利は否定されてしまうのである。

不動産の二重譲渡

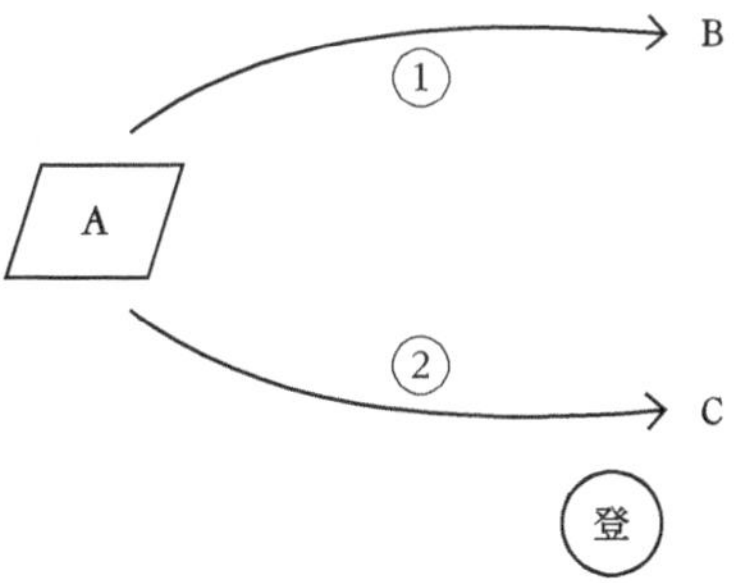

買主の法的救済手段

もちろん、土地を得られないことになったBさんとしては、Aさんが売買契約の債務不履行をした、ということで、契約を解除して損害賠償を請求できる。一○○○万円を返してもらうだけでなく、別途発生した損害があればその賠償金も取れることにはなろう。しかし、甲土地は手に入らないことになる（もしAが悪質な詐欺師である場合には、売買代金をだまし取って行方をくらましてしまうこともある。こうなると、詐欺取消しをして代金の返還請求権や損害賠償請求権があるといっても、実際にはなかなかお金を返してもらえないことにもなる）。

さらに、確立した判例法理では、CさんがAB間の売買を十分に知っていて、たとえばBさんの甲土地取得を妨害する目的でやった、ということであるならば、例外的にBさんは登記を持っていなくてもそういう背信的なCさんには対抗できる、としている（**背信的悪意者排除**という判例法理である。悪意者というのは「事情を知っている人」という意味だが、単に事情を知っているだけでなく、わざとBさんを害そうとするなど、強い背信性のある悪意者、という意味である）。

だから、この背信的悪意者排除という例外ケースの他は、一般に、登記まで得ておかないと他人に横取りされる可能性がある、ということになるのである。

安心安全な不動産の購入手続き

したがって、一昔前であれば、土地や建物の売買契約の場合、万全を期すためには、売主と買主は法務局の登記所で契約をして、その場で二人で移転登記手続をしたものである。

現代の読者の皆さんは、個人同士で土地建物を売買するのであれば、手数料はかかっても、司法書士という人に手伝ってもらうのがよい。たとえば、買主が銀行ローンを組むというのであれば、その銀行で、ローン契約書にサインすると同時に不動産売買契約書にサインをして、後の移転登記手続を司法書士に頼む。そうすると、司法書士は、専門家の責任で、しっかり代理人として移転登記手続を完了して、数日後に書類を届けてくれるはずである。

さらに、不動産業者に仲介してもらう場合は、仲介手数料は取られるが、契約書を作成し、かつ重要事項説明書というものを作って渡してくれる（宅地建物取引業法が作成交付を義務づけている）。購入の判断資料になるし、重要事項説明書に書かれたことが違っていれば、序章で述べた瑕疵担保責任の追及などがしやすくなる。

以上、不動産は一生の買い物なのだから、こういう専門家を活用して、間違いのないようにおこなうのがよいだろう。

第四章　市民が作る家族法

子育て夫婦の目から

つぎに、家族法というものを市民目線で見直してみよう。その目線を持つ代表的な市民としては、まずは、子育て中の、あるいは子育てをしながら仕事をつづけている女性ないし男性を考える（はしがきでも触れたように、男女は平等。出産は女性の仕事でも、子育ては夫婦が協力し合う仕事であり、なかには夫が主として家庭を守る「主夫」の存在も当然にある）。

今日の家族のあり方の原形

家族法分野は、財産法分野とくらべると、これまでかなり改正の頻度が高い。まず、第二次世界大戦後には、新憲法の理念の下で、明治民法の第四編親族・第五編相続は、根本的な改正を受けることになる。これは、家制度の廃止など、社会構造の根本的な作り直しということに中心があって、今日の我が国の家族のあり方の原形がここで作られた。この新民法典の示した家族観が、社会習俗をリードし、習俗が法律を追いかけて変わっていく時代がしばらくつづく（後述する大村《おおむら》敦志《あつし》教授らの分析）。したがって、子育て夫婦の問題意識を実現するというようなレベルの法改正が現れてくるのは、まだずっと先のことである。

特別養子

戦後の家族社会が成長し、やがて習俗が家族法を追い越すかのような状況が生まれてくるのが、一九七〇年代の後半から八〇年代にかけてといわれる。

子育て夫婦の目線に立って戦後家族法を見た場合、その問題意識にかなう最初の法改正の例は、**特別養子**制度の創設であろう。これは、一九八七（昭和六二）年に、民法に八一七条の二以下の一連の新規定を挿入するかたちで実現した。従来の養子（現在は普通養子と呼ばれる）が、実親との親子関係を維持したまま養親との養子縁組をするというゆるやかなものだったのに対し、実親との親子関係を切断して、かつ養子縁組の解消を厳しく制限するというしくみで、生まれたばかりの子などに実親同然の親を与える特別養子縁組をおこなうことを可能にしたものである。これは、ある医師による赤ちゃん斡旋《あっせん》事件を契機にして法改正が実現したものであるが、立法にあたっては、「子の利益」ということが十分に配慮され、子の利益を守る必要があると認められるときに成立させることができると規定されている（民法八一七条の七）。

議論を呼んだ夫婦別姓

さらに近年の大規模な家族法改正の試みとして、一九九六（平成八）年に法制審議会が取りまとめた婚姻法改正要綱がある。これは、①女性の婚姻適齢を現行の一六歳から一八歳に引き上げ、男女ともに一八歳とする。②女性の再婚禁止期間を嫡出推定の重複を避けるのに必要な最低の期間である一〇〇日間に引き下げる。③夫婦の氏《うじ》について、夫婦は、婚姻の際に、夫婦の共通の氏を称するか各自の婚姻前の氏を称するかを定めることができるとする選択的夫婦別氏制（いわゆる夫婦別姓）を導入することとし、別氏を選択する夫婦は、婚姻の際に、子の称する氏として夫または妻のいずれかの氏を定めるものとする。④嫡出でない子の相続分は嫡出である子の相続分と同等とする、等々を内容とする意欲的なものであったが、結局、上記①と④については実現し、②についても再婚禁止期間自体が廃止されたのだが、③の選択的夫婦別姓だけがなお自民党などの意見がまとまらず、国会に法案の提出をすることが見送られ、そのまま棚上げとされて現在に至っている。

現在では世界の主要国の中で夫婦同氏を採用しているのは日本だけになっている。結婚して夫婦のどちらの姓を名乗るかは本来自由であるが、圧倒的に多数のカップルが夫の姓を選んでいる（ないしは、選ばされている）実情がある社会においては、たとえば旧姓で仕事をし、執筆活動などをしている女性たちには、結婚して姓を変えなければならない不利益は大きい。その意味で、夫婦別姓の制度に賛成する人びとも多かったのだが、一方で、これが、良し悪しは別として、これまでの家族を解体・崩壊の方向に向かわせるという批判もひじょうに強かった。地方議会などで反対の決議をするところもあった。

生殖補助医療

現代の子育て世代の関心事のひとつは、生殖補助医療の問題だろう。この技術は著しく進展している。ご存知のように、かつては、夫や第三者の精子を妻の体内に注入する人工授精がおこなわれていたのであるが、精子と卵子を体外で受精させ、受精卵を女性の子宮に入れて着床させることが可能になったため、妻以外の女性の子宮を使って出産してもらう、いわゆる代理母の問題など、自然の生殖のかたちとはほど遠い生殖形態が可能になり、それにともなう新たな法律問題がいろいろと生まれている。生命倫理という重い問題があり、法律学者は一般に慎重な態度を取っているが、子を持たない親たちのなかには、それでもとにかく子供がほしい、という強い渇望もある。また一部の医学者や生物学者には、そういう希望をかなえてあげることこそ、科学の務めという考え方もある。現在は、この規制に関する法律は存在せず、日本産科婦人科学会の示すガイドライン（会告）にゆだねられているが、その学会会告も代理懐胎を禁止しており、さらに法制審議会でも検討されたが、二〇〇三年の中間試案以降進展を見ていない。そこで、規制の緩い外国に行って施術を受ける例も見られ、そうやって外国で誕生した（日本人夫婦の）子の親子関係が問題になる例も出てきている（最高裁は平成一九（二〇〇七）年の判決で、現行民法の解釈としては、出産した女性を子の母と解さざるをえないとした）。早晩、民法とはかぎらないが、法律による対応がどうしても必要になってくるのではなかろうか。

急増する児童虐待

執筆段階で最新の家族法分野の民法改正となっているものは、親の子に対する虐待の問題に対処した、親権制度の改正（二〇一一年）である。

ひじょうに残念なことであるが、ニュースでもいろいろ報道されるように、最近は、生まれた子供に十分な愛情を注げず、虐待をくりかえす若い親が急激に増えてきている。厚生労働省が福祉行政報告例として児童虐待相談の対応件数を挙げる資料を見ると、一九九〇年に一一〇一件、一九九七年に五三五二件だったものが、二〇〇九年に四万四二一一件、二〇一〇年には五万六三八四件という数字が出ている。これはたいへんな急増であって、（行政の対応が積極的になったなどの理由が反映されているのかもしれないが）やはりこの国の若い親たちのあいだに深刻な問題が生じていることが考えられる。

親権停止制度の創設

親権とは、未成年の子を監護、教育し、その財産を管理するため、その父母に与えられた身分上および財産上の権利・義務の総称なのであるが、親権は子のための制度であり、子にとってあまりに有害で不適当な親権の行使がなされる場合には、父母からその親権を剥奪《はくだつ》することも必要となる。これが**親権の喪失**として従来から民法典に規定されていた制度である（民法旧八三四条以下）。しかし、親権の喪失は重い処分であるので、適用が躊躇《ちゅうちょ》される傾向があった。そこで、期間を限定した**親権の停止**という制度を新設する改正が成立し、二〇一二年四月一日から施行されている（民法八三四条の二）。同時に親に代わって未成年を保護する後見人に関する未成年後見制度についても修正が加えられた。

新たな親権制限制度では、従来の親権を奪う「親権喪失」に加え、二年を超えない期間で、一時的に親権の行使を制限する「親権停止」が創設された。さらに「親権喪失」「親権停止」の原因として、「子の利益を害するとき」（喪失のほうは「子の利益を著しく害するとき」（新八三四条））が明記された（要件についても、親権喪失のほうは、「父又は母による虐待又は悪意の遺棄があるときその他父又は母による親権の行使が著しく困難又は不適当であること」とされ（新八三四条）、親権停止のほうは、「父又は母による親権の行使が困難又は不適当であること」(八三四条の二)と程度に差がつけられている)。それぞれ、子本人、その親族、未成年後見人、未成年後見監督人または検察官の請求によって、家庭裁判所が審判をすることができるという制度である。

なおこれに関連して、社会福祉法人などの法人や複数の個人でも、未成年後見人になることができるようになった。

ただ、もちろんこうやって子供が保護される法律ができればそれでいいというものではない。虐待に向かう若い親たちの心の闇を覗《のぞ》いて、どうしてこういう虐待が社会現象とでもいうべきほどに増加しつづけているのかを、我々は真剣に考えなければならないのである。

法律が先導するか習俗が先導するか

さて、こうして概観してきた家族法の発展について、現代の有力な家族法学者である大村敦志教授が、以下のように分析している。

「一八九八年の明治民法にせよ一九四七年の新民法にせよ、家族法に関する立法は、法律の制定が習俗を導くという考え方(法律先導型立法観)に立つものであったと言える。そして、いずれの立法に関しても、何が望ましい家族のあり方であるかにつき、法律家・民法学者に一定の権威が認められていた。別の言い方をすれば、日本の実情とは別に、どこかにあるべき家族・家族法の姿があるとの前提が採られていたと言える。そうであればこそ、戦前戦後を通じて、民法改正を担った法律家・民法学者たちは、政府当局の意向から独立して、専門家としての自律性を確保することができたのである。一九八〇年代半ば以降は、状況は大きく変わりつつある。最近の立法においては、初めに問題がある。そして、これに促されて立法がなされる。そこでは、好むと好まざるとにかかわらず、習俗の変化が立法をもたらすという考え方（習俗反映型立法観）が優越する」（『法学教室』二七七号より引用）。

じつはこの文章に、私の論じたいことが端的に示されている。

法律が習俗を導く社会とは？

法律の制定が習俗を導く、とはどういうことか。私は、成熟した市民社会においては、そのようなことがあってはおかしいだろう、と考えている。

たしかに、明治政府になってからも、政府には民衆を意のままに統治したいという発想が色濃く残っていた。それは家族法の分野にも反映され、たとえば、大正デモクラシーと呼ばれた時代でも、政府は、一九一九（大正八）年に臨時法制審議会を設置して、「我国古来の淳風美俗」に沿わないところをいかに改正すべきか、という諮問をしている。諮問する政府側としては、家制度をより堅実にしたいという意向があったものとも評されているところである。

このような政府の考え方に対して、学者が、あるべき（より適切と思われる）社会を作るために抵抗をしたということはたしかにいえる。ことにそれは家族法の分野において顕著であったと思う。けれども、私は、それは市民層の成熟していない（そして民主的な政治体制が確立していなかった）時代の話であって、市民文化が一定のレベルに達した社会では、学者が自分自身の理想とするように社会を作る立法を考えるなどということは、あるべきではないと考えている。「最近の立法においては、初めに問題がある。そして、これに促されて立法がなされる。そこでは、好むと好まざるとにかかわらず、習俗の変化が立法をもたらす」というのは、ある意味で当然のことではないか、と考えるのである。

この点は、右に引用した大村教授も、ご自身の著書の結びで、「法律家に限っていうと、戦後の家族法学は、民法典を掲げて、常に習俗をリードする立場をとってきた。それによって獲得されたものの意義を軽視することはできない。だが、法律が習俗をリードすべきであるのか、法律は習俗に従うべきであるのかは、容易に解決できるような問題ではない。法律家はこのことを忘れずに、しかし、専門家としての職分を果たさなければならない」（大村敦志『家族法〈第三版〉』有斐閣）と書かれているところである。

習俗が立法を要求する社会

つまり、難問ではあるのだが、私は、「習俗の変化が立法をもたらす」というのは、「立法観」という問題ではなく、ごく当然の、市民社会の自律作用であると考えたいのである。一九八〇年代半ば以降、つまり、昭和末期から平成年代に入るころからは、ようやくこの自律作用がおこなわれるようなレベルにまで市民社会が成熟してきた、という評価をしてはどうだろうか。

それこそ、世の子育て夫婦たちが、その関心事や障害と考える要素を解決してもらうために立法を望む、という時代、つまり、言うならば時代のグランドデザインを次世代の主役たちの若い子育て夫婦が作っていく時代、というのがようやくやってきたということなのではなかろうか。

観点を変えていえば、法というものは、家族法にかぎらず、問題があるから立法でそれを解決するのである。問題がないのに立法で社会を動かそうとするということがもしあれば、それは政治家であれ学者であれ、やはりたいへんな思い上がりと言うべきではなかろうか。

「いや、そういう考え方を取ると、この社会がどういう方向に流れていくかわからないではないか、やはり我々が正しく導いていかなければ」と言う学者や政治家の反対論があるとすれば、それはやはり、大衆を愚とみる考え方の表れ、と反論したい。どう流れていくかは、基本的には、成熟した市民たちの自己決定・自己責任の問題であると私は考える。

そして、もし学者が、その流れはおかしい、危険だ、と思うのであれば、精一杯、論文等で自説を明らかにし、社会に訴えかけるべきなのである。そして、それを市民社会が受け入れるか否かは、その学説にどれだけ説得力があるかということと、その学説が時代の風に合ったかどうか、ということに尽きる、と言わざるをえないのではなかろうか。

第五章　民法は中小企業の金融法

中小企業の目線でとらえる民法

それではつぎに、市民目線の延長で、多数の市民が働く中小企業の従業員の目線に立って、民法を見てみよう。そうすると、民法がすぐれて「金融法」つまり資金調達のために使われる法律であることがわかるのである。

ちなみに、金融法というのは、そういう名前の法律があるわけではない。融資や資金調達に関する法律分野の総称、とでも言えばいいかもしれない。といっても、大内兵衛《おおうちひょうえ》氏などの言葉にあるように、「金融は取引社会の血液」なのである。つまり、取引にかかわる法律はすべて金融にかかわると言ってもよい。したがって、金融法務というのは、民法、動産債権譲渡特例法、商法、会社法、手形法、保険法、信託法、金融商品取引法、貸金業法、利息制限法、出資取締法、ひいては税法など、私法分野の主要な法律の大部分と、一部の行政法規等について、分野横断的に横串を刺して勉強しなければならない一大ワールドなのである。

金融法――融資法と資金調達法

それから、従来の金融法という概念の多くは、日本銀行を頂点とする、銀行、信用金庫等の金融機関の側から見た「融資」の発想で考えられていた。しかしたとえば私が法科大学院で担当している金融法は、資金を調達する側から、しかも主として中小企業を念頭に置いて考察する、「資金調達法」なのである（もちろん私の所属する法科大学院では、複数の金融法関係の演習科目などが設置されており、それぞれが、融資側の法律問題に重点を置いたり、大企業の資金調達手法を考察することに主眼を置いたりと、多様な内容で実施されている）。

そして、この企業の資金調達の観点から見ると、大企業の人びとにとっても民法が金融法の要素を持つことはそれなりに理解されるのであるが、中小企業の人びとにとっては、まったくといってよいほど状況が異なり、まさにひじょうに色濃く金融法として実感されるものなのである。

そのことを以下になるべくわかりやすく説明しよう。

中小企業の定義

なお、中小企業の定義については、いろいろな指標があるのだが、現在の日本では、一般に、中小企業基本法二条の定義にしたがって、（大まかに言うと）多くの業種については資本金三億円以下または従業員三〇〇人以下の法人企業または従業員三〇〇人以下の個人企業を中小企業としている。ただし、卸売業の場合は資本金一億円以下または従業員一〇〇人以下、サービス業の場合は資本金五〇〇〇万円以下または従業員一〇〇人以下、小売業では資本金五〇〇〇万円以下または従業員五〇人以下を基準としている。その基準に従うと、日本では、企業の数（事業所数）でいうと九九パーセント以上が中小企業ということになるのである。こういう数字もぜひ覚えておいていただきたい。

大企業と中小企業の資金調達手段

さて、重要なのはここからである。そもそも企業はどのような手段で資金を調達するのか。法学部の少しわかっていそうな学生にこういう質問をすると、「株や社債で調達します」という答えが返ってくる。新株を発行したり、社債を発行して、それを投資家に買ってもらうのです、というのである。

正解、と言ってあげたいところなのだが、じつは単純にそうはいかないのである。たしかに、大企業の場合はそれでいい。けれども中小企業のなかの多くのところではどうか。株を発行して、誰が買ってくれるのか。また社債を発行して誰が買ってくれるのか（そもそも、社債の発行手続きというのはかなり面倒であり、相当の規模でなければ引き合わない）。中小企業の多くは（もちろん全部ではないが）、信用力が低いために、株や社債の発行によるいわゆる市場性資金が取れず、大学で教わったようなやり方では、資金調達ができないのである（ということはすなわち、株式関係の会社法や社債の関係の法律の知識は、中小企業の資金調達を考える場合は、実際には使わないことになるケースが多い）。

その結果、多くの中小企業は、資金調達を金融機関等からの借入れ（**金銭消費貸借契約**）に頼るしかないことになる。その場合の担保は何か。この担保設定として長年一般的におこなわれてきたのが、土地建物（不動産）に抵当権を設定するか（**物的担保**）、保証人をつける（**人的担保**）、というものであった。

つまり、そこで出てくるのは、金銭消費貸借契約（民法の債権法各論）、不動産への抵当権設定（民法の物権法）、保証人の徴求《ちょうきゅう》（民法の債権法総論）と、すべて民法の話なのである。

なるほどそういうことですか、だから民法は中小企業の金融法なのですね、とまずは納得してくださるだろう。ただ、納得してくださるのはありがたいのだが、これだけで終わりならば大したことはない。話はさらにつづくのである。

抵当権というもの——中小企業の資金調達の行き詰まり

抵当権と保証、という担保の取り方がどう問題なのかを、なるべくわかりやすく説明してみよう。

抵当権というのは、担保物権の代表格で、所有権という完全なかたちの物権、つまり権利者がその物を直接に支配し、自由に使用し収益を上げ処分ができる、という権利のなかから、一部を切り分けたもののひとつである。

といっても、何のことかわかりにくいだろう。では、突然ながら、サッカーボールをイメージしていただきたい。スポーツ好きな人は知っていると思うが、あれは、五角形と六角形だったり、最近ではプロペラ形だったり、という何枚かの皮を張り合わせて球体になっている。その完全な球体が所有権で、その一部の皮をはぎ取って別の人に与えるのが、民法に規定されているその他の物権と思っていただきたい。

ちなみに物権は、契約当事者間だけに効力を持つ債権と違って、世間の誰にでも主張できる権利であるから、債権のように契約で千差万別いろいろの内容のものを作り出せるというわけにいかない。**物権法定主義**といって、いわばその皮の形と機能は法律が定めている（民法一七五条）。

そのなかで、たとえば土地を自由に使える地上権などは、**用益物権**と言って、利用権限が他人に与えられるのであるが、**担保物権**としての抵当権は、価値権と説明されるもので、利用は元の所有権者が継続し、抵当権者はその交換価値を把握するのである。どういうことかというと、融資金を債務者が返せないというときに、債権者（抵当権者）は、その抵当目的物を競売《けいばい》にかけて、その売上金から優先的に融資金とその利息等を回収する、というものである。

ここまでわかれば話は見えてくるだろう。抵当権というものは、その不動産の価値を引き当てにして、つまりそれがいくらで売れるか、を想定して、貸金や売掛金に見合う目的物に設定するものである。抵当権には順位の概念が認められているので、たとえば、一〇〇〇万円で売れそうな土地について、八〇〇万円を貸し付けた債権者Aが一番抵当権を設定し、さらに四〇〇万円を貸し付けた債権者Bが二番抵当権を設定したとすれば、すべて債務が焦げついた場合、抵当権が実行され、首尾よく土地は一〇〇〇万円で売れたとしても、一番のAは八〇〇万円全額を回収できるのに、二番のBは、四〇〇万円の融資金のうち二〇〇万円しかこの抵当権から回収はできない、ということになる。

だから、不動産の抵当権は、その目的物の換価想定価額いっぱいに設定されれば、あとは担保としては活用できず、したがってそれ以上は誰も融資をしてくれない、ということになる。しかも中小企業の保有している不動産はもともとそれほど多くないケースが一般であろう。不動産頼みの融資は必然的に限界があるのである。さらに、バブル崩壊後は、不動産は値下がりしないという神話も崩れた。

個人保証の悲劇――中小企業の資金調達の行き詰まり

もう一方の個人保証については、すでに第一章で詳論したとおりである。個人保証には、家庭の崩壊、蒸発、自殺などという悲劇を生む可能性がある。自分で自分の会社の債務を保証する経営者保証は別としても、とにかく個人で他者の金銭債務の保証をすることは、やってはいけない。本書を読んだ皆さんは、誰にどう頼まれても断るべきである。

そうすると、不動産担保と保証に依存する資金調達は、必然的に限界とリスクをはらむものであることがわかる。したがって、そこからの脱却は、現代の中小企業の資金調達のメインテーマなのである。

ではどうしたらいいのか。じつは、そこにさらに手を差し伸べるのが、他でもない、民法なのである。

答は貸借対照表に

ここからがさらに重要な話になる。けれども、民法の話に入る前に、まず企業の資産の話から入る必要がある。ここは、法学部の学生よりも、商学部の学生、そして少しでも会社経理を知っているサラリーマンの皆さんのほうがよくわかってくださると思う。

企業の資産と負債・資本の状態を示すのが、貸借対照表（バランス・シート）である。中

貸借対照表

（単純化したもの）

	資産	負債・資本	
流動資産	現金・預金	借入金	負債
流動資産	売掛債権 受取手形	借入金	負債
流動資産		ＣＰ	負債
流動資産	在　庫	社　債	負債
固定資産	土地・建物	資　本	資本

小企業の資金調達法を理解する切り札が、この貸借対照表なのである。

　大まかに言うと、貸借対照表の右側の下に資本の部があり、これを調達するのが株である。そして右の中央から上が負債の部で、大企業であれば、社債やコマーシャルペーパー（優良企業が短期資金を銀行からではなく投資家から直接調達するために発行するもの。ＣＰと略される）というもので資金を調達し、さらに残るのが右上にくる金融機関などからの借入れである。そこで思い出していただきたい。市場性資金の取れない中小企業の場合には、株や社債・ＣＰでの資金調達ができず、右上の金融機関などからの借入れしかできない。

　では左側の資産の部を見てみよう。一番上に現金、預金があって、その下にいわゆる流動資産として、在庫や売掛金（売掛債権・受取手形）がある。そしてその下が土地・建物などの固定資産、というわけである。だから、不動産担保借入れは、左下の固定資産を使って右上の借入れをする、というものである。では、それが行き詰まったら、どうすればいいのか。論理必然的に答は見えるはずである。左側の資産の部で残っている大きなところは何なのか。

流動資産の活用へ

現在、社会人になっている皆さんは、こういう数字は商学部でも経済学部や経営学部でも、教わっていなかったかもしれない。ましていわんや、法学部では、そもそも法律科目の授業で貸借対照表を教えること自体が皆無だったのではないだろうか。

法人企業統計によると、二〇一〇（平成二二）年のデータで、全企業ベースで企業の保有する不動産の総額は約一八七兆円である。これに対して、流動資産のうち売掛金は、約一八二兆円、在庫等の棚卸資産は約一〇二兆円である。毎年若干数字の動きはあるが、ほぼ売掛金が不動産の総額に匹敵するくらいあり、在庫は不動産の半分程度、という数字が示されている。いずれも相当の巨額である。この流動資産が、資金調達に活用されるべきである。というより、中小企業の場合は、この流動資産（売掛金、在庫）の活用に向かうのが、他に選択肢のない、論理必然の道なのである。
ではどうしたらいいのか。ここでまた民法が登場するのである。

売掛金の活用――債権譲渡担保

高校生や大学生は、売買というのはお金で物を買う、つまりお金と物を交換するものだと思っている。けれども、企業間で物を売った場合は、物の引き渡しが先で、支払いは九〇日とか一二〇日も後になるケースが多いのである（どうしてそうなるのか。多くは買主と売主の力関係で決まる。また、仕入れのお金をすぐ払わないでよければ、その間に品物を作って売って返済のための資金を作れるので、相手を信用して支払いを猶予してやる、という機能（企業間信用という）も果たすことになる）。

そうすると、その弁済期日までのあいだに、売主の買主に対する代金債権（民法上の**指名債権**）は、売掛金というかたちで存在する。なかには、支払期限が来ても払われないまま存在しつづけている売掛金もある。普通は、支払いのために手形というものが振り出されたり、弁済の期日を指定して銀行振込みの約束がされたりすることも多いのだが、ここではその民法の指名債権が売掛金として存在しているかたちを考えよう。この総額が不動産と同じくらいあるのだったら、これを担保として活用できないのか。

債権譲渡

〔直線の矢印が債権を表す
曲線の矢印が譲渡を表す〕

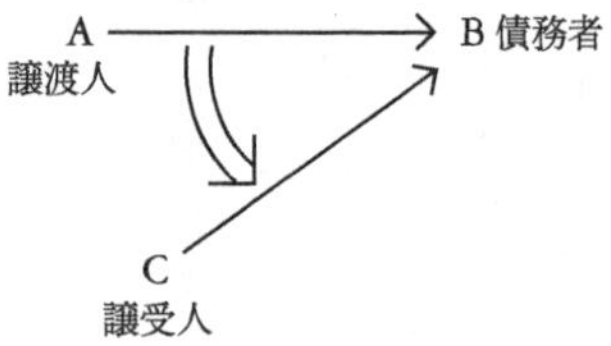

そこで考えられたのが、**債権譲渡担保**というやり方である。**債権譲渡**については、民法の四六六条以下に規定がある（そして商法などには規定がない）。AさんのBさんに対する債権をCさんに譲渡すると、元の債権は、同じ内容でCさんのBさんに対する債権になる、というものである（近代の民法典は、債権の譲渡性を等しく認めている。ここで「譲渡性がある」というのは、譲渡人A（旧債権者）と譲受人C（新債権者）の二人の合意でできる、ということである。つまり、債権譲渡契約をするには債務者が入っていなくてよい（債務者には、この後述べる対抗要件具備で知らされることになる））。この債権譲渡を、担保の目的でするのが債権譲渡担保である。では、この債権譲渡担保をどう使うのか。

将来発生するだろう債権をまとめて担保に

いま、A社はC銀行から融資を受けたい。しかし、担保に出せる不動産はもうない。保証人もこれ以上立てられない。そういうときに、この売掛金を担保にお金を借りるのである。もっとも、今現在の売掛金は、この二、三ヵ月で弁済期が来るものだから、じつはかき集めてもそんなに高額にはならないかもしれない。けれども、B社とはこれまでも取引がつづいているので、この調子でいけば、三年後、五年後までの売掛金を合わせれば相当な額になる。だったら、五年後までの売掛金が（実際に発生するかどうかはわからないが）仮に見込みで総額五〇〇〇万円くらいになりそうなら、それを担保に今四〇〇〇万円を貸してくれないか、というような申込みをするのである。

実際には、A社のB社に対する売掛債権を五年分、すべてC銀行に担保のために譲渡する、という債権譲渡担保契約をする。債権譲渡をするのだから、将来発生する分も含めて、債権は一応すべてC銀行のものになる。しかし、あくまでも貸金の担保のためだから、本当に総額で五〇〇〇万円分発生したとしても、C銀行は全部もらえるわけではない。貸金四〇〇〇万円と利息分をすべて回収したならば、残りの分は清算してBに返す（あるいはBに回収させてそのままにする）という処理をすればいい。

たしかに、これはリスクのある取引ではある。A社とB社の取引がつづかないかもしれないし、どちらかがつぶれるかもしれない。けれども、債権の場合、A社に信用力がなくても、債務者のB社が大企業で信用力があるのなら、A社さえつぶれずに仕事を継続していれば、B社は間違いなく払ってくれる。そうすると、C銀行としては、零細なA社でも、財務内容を調べ、仕事内容を調べて、まっとうな商品を作り、優良な取引先がついているのなら、その取引先の信用力を基準にして、リスクを織り込んだうえでなにがしかの融資をすることができるだろう。取引先がB一社ではなく、P社、Q社、R社とたくさんあり、それらの多数の取引先への売掛債権も担保に取れるなら、なおリスクが少なくなる。——これが、債権譲渡担保、さらに将来発生するだろう債権をまとめて担保に取る「**将来債権譲渡担保**」という取引なのである。

リスクはあっても、その中小企業が事業を継続していれば、つぎつぎに商品は作られ、それが売られてつぎつぎに売掛金ができる。その売掛債権を担保に今お金が借りられれば、不動産をすべて担保設定してしまい、保証人ももう立てられないという企業も、またお金が借りられるのである。

危機対応型から資金調達のための取引へ

ただ、民法の債権譲渡という取引がこうやって世のため人のために役立つようになるには、じつは長い苦難の道のりがあった。話せば長い話になるが、ここは、この人にこの歴史あり、というようなテレビ番組でも見るつもりでおつきあいいただきたい。

昭和から平成の初めころまでの時代の債権譲渡は、決してほめられた取引ではなかった。借金取りに追い立てられた債務者が、自分の持っている唯一の売掛金を、苦し紛れに何人もの債権者に譲渡してしまうような、危機に瀕した時点でおこなわれる取引だったのである。

そうすると、どういうことになるか。取引社会では、「あそこは債権まで譲渡した、だからもう危ない」という、危険信号を示すもののように扱われたのである。

そして、それは民法や訴訟法の上ではどういうことになるか。ひとつの債権が、苦し紛れに二重、三重に譲渡される。なかには、その同じ債権を何人もの人が差し押さえるという事態にもなる。当然、その人たちが、自分こそ譲受人（新債権者）だ、と名乗り出て、訴訟を起こすことになろう。実際、当時の（昭和後期から平成年代の初めころまでの）債権譲渡の判例に示される論点は、「二重譲渡の優劣基準」というもので、同じ債権が二重、三重に譲渡されたり二重、三重の差押えも加わったりして、そのうち誰が譲受人になれるのか、というものだった。多くの学者が議論に参加して、民法学の一大争点といわれるようになったのだが、今にして思えば、こういうものを研究してもあまり積極的に世の中の役に立つとは評価できなかったのである。

それが、債権譲渡は、二〇〇〇年前後から、危機対応型のほめられない取引から、企業が正常業務のなかでする、資金調達のための取引に変わっていくのである。それは目を見張るような構造的大転換、いわゆるパラダイム・シフトと呼ばれるほどのものだった。

債権譲渡の対抗要件

せっかくここまで読んでくださったのだから、この債権譲渡のパラダイム・シフトまでご理解いただこう。そこで、またしっかり（けれども面白い）民法の話になる。

第三章で説明した、物権移転の対抗要件の話を思い出していただきたい。当事者の合意だけで物権は移転するが（意思主義）、それを自分が新しい権利者になったと周囲の人びとに主張・対抗するには、第三者対抗要件という、法の定めた手続きを経る必要があった（対抗要件主義）。それが動産の場合は引渡し、不動産の場合は登記、だというのである。

ではこの債権（指名債権）の場合はどうか。債権は特定の人が特定の人に対して持つ権利なので、物権のように世間の誰に対しても主張できる権利ではないのだから、対抗要件などいらないのでは、と思う人がいるかもしれない。けれども、そう思った人は、つい先ほど書かれていたことを思い出していただきたい。新しく債権者になった人は、他にも同じ債権を譲り受けたと主張する人や、その債権を差し押さえたという人が出てきたら、その人たちに対して、自分が新しい債権者だと主張・対抗できなければならないのである。

もうひとつ言えば、そのような紛争は起こらなかったとしても、そもそも新しく債権者になった人は、元からの債務者に対して、自分が今度債権者になったのだから自分に支払ってくれ、と言えなければならないはずである。

これら二つの理由のために、指名債権についても、権利移転の対抗要件（正確に言うと、第三者に対抗するための要件と、債務者に対して弁済せよと権利行使をする要件）が当然必要になるのである。

民法は、フランスのやり方にならって、これを譲渡人（旧債権者）から債務者に対してする通知か、債務者がする承諾、ということにした。そして、通知や承諾は登記と違っていくつでもできてしまうので、時間的な先後がはっきりするよう、「**確定日付のある証書**」による通知か承諾、ということにしたのである（民法四六七条②項）。ただ、日本では、フランスよりも要件を緩和して、債務者に支払えという（権利行使をする）だけなら、通知・承諾は無方式で（別に確定日付のある証書を使わなくても）いいとしている（同条①項）。

確定日付のある証書

「確定日付のある証書」というのは聞きなれない言葉だと思う。けれどこれはそれほど難しいものではない。法律的に作成の日付が確実に証明できるようなやり方で日付が付されている証書、というもので、民法施行法という、六法では民法の後ろに収録されている法律に規定されている。公証役場というところに行って公証人という人に証書を作ってもらったり、自分の作った証書に日付印を押してもらえばいいし、その他、できあがった書面に官公庁の日付印がつけられていればよい。それで、その日に存在した（その日までに作られた）証書であることがわかるからである。したがって、一番よく使われているのは、郵便局の内容証明郵便である。

内容証明郵便

といっても、郵便局は現在民営化されていて（郵便事業会社等となり、二〇一二年一〇月から統合によって日本郵便株式会社）、官公庁ではない。そこで、法律も作り直してあって、それまでの条文に一号を加えて、各郵便局に郵便認証司という資格を持った人（郵便法によって総務大臣が任命）を置き、その人が日付印を付すことにしてある（民法施行法五条六号）。ちなみに、**内容証明郵便**というのは、郵便局の特殊取扱いのひとつで、書留郵便にしたものについておこなわれるのだが、出す方は、同じ内容の三通の書面と、宛名を書いた封筒を持っていく。そうすると、三通に日付印が押されたうえで、一通は封筒に入れられて相手に送られ、一通は手控えとして返却され、もう一通は証拠として郵便局に保存されるのである。なお、費用は、文書の規模（字数で計算する）によって異なる。

もともと内容証明郵便は、郵便で送った文書の内容を証明する必要のある場合に使われるので、督促状とか契約解除の通知書などにもよく使われる。日常生活では、あまり見たくない手紙である。

債権譲渡特例法がもたらしたパラダイム・シフト

さて、説明が遠回りしたが、ようやく債権譲渡のパラダイム・シフトの話になる。パラダイム・シフトという表現が聞きなれなければ、「変身」でいい。なにやらテレビ番組の仮面ライダーのようだが、ある意味では本当に、あまりうだつの上がらなかった人物が、正義のヒーローに変わったのである。

担保に使える不動産はもうない、保証人も立てられない、それでも、考えてみたら流動資産としての売掛金債権はたくさんある、そうだ、この債権を使おう、という話なのだが、この債権譲渡の「変身」をまず助けたのは、民法の特例法の制定であった。

債権譲渡の「変身」は、それを手伝った新しい立法と、さらに判例法理の確立と、制度的支援とのおかげで完成したと言ってよい。

まずは、債権譲渡特例法による債権譲渡登記制度創設の話である。

最初の取りかかりは、中小企業の資金調達を救う話よりも、大企業の資金調達における

「債権流動化」の話だった。リース会社やクレジット会社は、顧客に対する無数のリース料債権や立替金債権を持っている（リースやクレジットの仕組みについても説明したいのだが、話がどんどん広がってしまうので、今は省略する）。そうすると、五年リースとか、三年三六回払いのクレジットなど、これらの会社は、三年先、五年先までに（あるいはもっと長いものもあるが）回収できる無数の債権を持っている。ではこれらの会社がたとえば今、新社屋の建設のために土地建物を購入し建設資金を調達したい、そのために一時にまとまった資金が必要、というときに、仮に一件五〇万円の二〇〇〇個のリース料債権（全部回収できれば一〇億円）をまとめて譲渡しようとすると、ネックになるのはなんだろう、と考えてみてほしい。

さっきの確定日付のある通知でしょう、と気がついてくれれば、かなり民法の勉強が身についてきた人といえる。

対抗要件を得るのに二〇〇〇通の内容証明郵便を出すとしたら、一通当たり二五〇〇円程度としても、その手間と費用はたいへんなものである。この二〇〇〇個分の債権の譲渡情報を、ひとつの磁気ディスク（当時はフロッピー、今ならＵＳＢメモリ）に入れて、法務局の登記所に届ければ、登記所のコンピューターに記録され、それが二〇〇〇個の債権譲渡についての第三者対抗要件になるとしたら、どんなに便利か。これが債権譲渡登記の発想であり、一九九八（平成一〇）年施行の債権譲渡特例法では、この登記をもって、民法四六七条②項の確定日付のある通知・承諾がされたものとみなすという規定を作ったのである。

そうすると、これは、もちろん中小企業の資金調達のための売掛債権の譲渡担保にも使える。しかも、今ある売掛金だけでなく、五年後、一〇年後に生まれるであろう将来の売掛金まで合わせれば結構な額になる、それを担保に資金を貸してくれないか、というのが将来債権譲渡担保なのである。

いくつかの導入段階の紆余《うよ》曲折と二〇〇四年の修正を経て、この債権譲渡特例法登記はどんどん利用実績を伸ばし、たいへん広く資金調達に活用されるものとなっていったのである（二〇〇八年には登記件数二万五〇〇〇件、債権の個数では七六〇〇万個に達した。ただしその後リーマンショックもあって件数は若干減少したが、債権個数は二〇一〇年には八九〇〇万個まで増えている。法務省「法務統計月報」参照）。

さらには、最高裁の将来債権譲渡に関する判例法理が、この資金調達手法を肯認《こうにん》してくれたことも幸いだった。平成一〇年代に入ると、毎年のように最高裁の重要判例が出て、複数年の先までの将来債権譲渡を肯定した判決、その場合の債権の特定性は他の債権との識別可能性でよいとした判決、（従来の民法通知についても）将来債権譲渡担保設定の通知、と書いた通知でも債権譲渡の対抗要件として認められる、とした判決などがつづき、将来債権譲渡担保契約はいわば判例のお墨付きも得たのである。

信用保証協会の協力——売掛債権担保融資保証制度の創設

中小企業に関係している皆さんの多くは、おそらく信用保証協会という機関をご存じだろう。信用保証協会法という法律によって、全国各都道府県といくつかの政令指定都市に設置されている信用保証協会は、中小企業の資金調達を支援する目的で、公的資金に民間の資金を加えて運営されているものであるが、簡単に言うと、信用力の低い中小企業が、金融機関から資金を借りられないというときに、この信用保証協会が機関保証をしてくれる（いわば保証人になってくれる）というものである。

この信用保証協会が、二〇〇一年から、売掛債権担保融資保証制度というのをはじめた。つまり、売掛債権担保の融資になお二の足を踏んでいる金融機関に対しては、信用保証協会が保証を加えるというものである。これならばどう考えても金融機関は貸すだろう。ただ、今度は金融機関があまり安心しすぎて審査等を怠るのも困るので（つまり金融機関のモラル・ハザードを防ぐために）、保証は全額ではなく部分保証とした（当初九割、現在は八割。つまり融資先の中小企業が倒産して回収が焦げついた場合には、その額の八割までは信用保証協会が負担するというわけである）。

この制度も、当初は徴求する書類が多すぎたりして伸び悩んだが、現在は「売債《うりさい》」と略称されて、信頼される支援制度として定着している。

このように、現代は、資金が流れない中小企業には、法律や制度を作ってお金を流すことがおこなわれる時代になった。いわば金融政策を立法や制度が手伝う時代なのである。そして、その立法や制度が、民法及び特例法の債権譲渡に関するものなのである。

「民法は中小企業の金融法」という命題は、こうして、債権譲渡の「変身」によって、いわば第一弾の説明が完結するのである。

在庫の活用——集合動産譲渡担保

話を、売掛金と並ぶもうひとつの流動資産である在庫のほうに移そう。これを活用するのも民法の話なのである。在庫というのは、会計用語でいうと棚卸資産ということになる。工場で作られた商品が、倉庫などに一時的に保管されているものであり、そのひとつは、民法でいう**動産**である。しかしこの在庫も、全企業が保有する総額でいえば不動産の半分程度あるというのである。

この在庫を何がしか評価して、それを担保として融資を受けることはできないか。けれども、ひとつひとつの在庫品に担保を設定しても膨大な手間になるし、そもそも在庫品は、作られれば倉庫に搬入されて増え、売られれば出ていって減るものである。そうであれば、ひとつひとつではなく、「この倉庫のなかにある（増減は当然ある）在庫品」というかたちで集合的に担保の対象とできないか。こう考えてはじめられたのが、「**集合動産譲渡担保**」という取引形態である。

これは、債権以上に価値の評価（いくらで売れるか）の問題が難しいし、そもそもかつてはこういうものを担保に取ったことのまともな公示手段がなかった。すでに何度も述べているように、動産の権利移転の第三者対抗要件は引渡し（民法一七八条）である。けれどもここでは、在庫はあいかわらず、被融資者（融資契約の債務者）の倉庫のなかにあって、融資者（金融機関等、融資契約の債権者）のもとに引き渡されているわけではない。

それを判例は、**占有改定**でいいとした。占有改定というのは、占有取得の方法のひとつとして、今まで自分のために占有していたのを、これからは代理人として買主のために占有する、と宣言する（意思を表示する）というやり方なのだが、これは条文（民法一八三条）では占有権の取得の方法として書いてあるだけで、それを判例が、引渡しと同等の、動産譲渡の第三者対抗要件として認めるとしたものである。しかし、こんな外見もまったく変わらないやり方では、多くの金融機関はとても担保手段と評価しない。つまりお金を貸さないのである。

そこでこの動産譲渡担保にも、二〇〇四年に、先ほどの債権譲渡特例法を拡大した、動産債権譲渡特例法というものを作って、動産譲渡登記制度を創設し、こういう譲渡ないし譲渡担保をしたということを登記できるようにしたのである。「〇〇の倉庫のなかの〇〇製品一式」というような集合動産の登記もできる（この動産譲渡登記も二〇一〇（平成二二）年の段階で登記件数三五六六件と増えてきている）。

そして二〇〇五年には、金融機関の監督指針である金融庁の金融検査マニュアルも、条件付きながら、動産を適格性のある担保とはじめて認めたのである。前述の信用保証協会も、売掛債権担保融資保証制度に加えて、動産担保融資保証制度も開始した（さらに後述する）。こうして、中小企業の流動資産は、将来債権譲渡担保と集合動産譲渡担保という、民法上の二つの手法によって、資金調達に活用できることになったのである。

もちろんこの手法を活用できるのは、中小企業にかぎられない。二〇一二年八月の日本経済新聞には、ある著名な食品企業が、在庫のトマト（冷凍ペースト状になっている半製品）を担保に一〇億円の融資を受ける話が掲載されていた。

二つの担保融資手段の結合——ＡＢＬへ

ここで最後のもうひと押しの発展の話まで、おつきあいをいただきたい。それでは、流動資産の活用という場合に、将来債権譲渡担保と集合動産譲渡担保を組み合わせて一緒にやればいいのではないか、というところまでは、読者の皆さんも容易に気づかれると思う。その一歩先である。ただ組み合わせるのではなく、もう一段、発想の転換をしてほしいのである。

前のほうの話からくりかえして考えよう。不動産担保は行き詰まる。けれども貸す側にしてみれば、担保の評価が確実にでき（不動産ならば、最近でこそ値下がりするケースもあるが、相場の価格というものはかなりはっきり示される）、そして抵当権の実行、競売という、換価処分のやり方が確立し、また確実である。債権者の立場からすれば、こういう担保こそ、堅い、よい担保なのである。けれども、考えてみれば、当然のこととは言え、それは債権者側の視点でしか判断がされていない論理である。では、そこに、少しでもいいから債務者側の論理を入れたらどうなるか。

「生かす担保」論

債権担保は、その債権の債務者（第三債務者）が支払いができなくなるリスクもある。将来債権は、期待通り発生しないかもしれない。動産担保は、その在庫動産を本当にまとめて売ることになったら、いくらで売れるのかわからない。そもそも、確保したつもりでも、ある日倉庫のなかからすべて搬出されて空っぽになっていたらどうなるか等々、さまざまなリスクがある。こういうものは、融資者（担保の債権者）からすれば、不安定で、よくない担保ということになろう。

けれども、それらを担保に融資を受けることが可能ならば、新しい仕入れができる。春にはまだ売れない在庫品でも、秋には売れそうだ、けれどもその先の季節のものも今材料を仕入れて準備しなければならないから、今仕入れのお金がいる。そして、作っている製品はしっかりしたいいものであるならば、仕入れのお金が回れば、この会社は操業を継続できる。操業を継続できれば、また、在庫や売掛金という担保はつぎつぎに生まれてくる……。こういう、まっとうに努力している中小企業を支援して、資金をつづかせ、営業を継続させることができる担保こそ、よい担保というべきなのではないか。

これが、私の提唱している、「生かす担保」論なのである。

ABLとはどんな取引か

この発想で、企業ごとに中小企業の売掛金や在庫を担保にして、さらにその企業の生産サイクル全体を評価してその企業を生かす（あるいは潰れそうな企業を再生させる）という担保融資取引がもっと盛んにおこなわれていい。それが、いわゆるＡＢＬ（米国でおこなわれてきたAsset Based Lendingの頭文字を取ったもので、動産・債権担保融資とか流動資産一体型担保融資などと表現される）なのである。

したがって、正確に言うとＡＢＬは、債権譲渡担保と動産譲渡担保を組み合わせただけのものではなく、それらをコアにして、貸し付ける金融機関としては、一度貸したら貸しっぱなし、返せなかったら担保実行、という態度ではなく、被融資企業の財務状態や売掛先の状況、在庫の増減等を確認しながら（こういう作業をモニタリングという）、融資を継続していくものである。

この形態のＡＢＬと評価できるものは、我が国では二〇〇五年から実例があらわれたとされているが、米国ではすでに一九九〇年代から発達しており、かなりの実績がある（二〇〇〇年代のはじめに、日本ではまだこの在庫や売掛金という流動資産を資金調達に活用することがほとんどなかった時代に、アメリカでは流動資産の約二〇パーセントを資金調達に活用していたというデータも出ている）。

ちなみにアメリカでは、このＡＢＬは、斜陽になった百貨店の在庫を担保に融資をするなどという、大型企業再生ビジネスにも使われているが、日本では今のところ、中小企業の運転資金供給融資にかなり力が入れられている。

震災復興の手段としても

　私は、このＡＢＬは、民法が世のため人のために働くたいへんよい実例ではないかと考えている。ＡＢＬは、結局は、良い仕事をして良い製品を作っている中小企業、そして、財務データや業務内容をきちんと管理できている中小企業を生き残らせる方策になると考えられる。そして、先に述べたモニタリングは、大銀行よりも個々の中小企業とのつきあいが深い地域金融機関の得意とするところであろう。したがって、ＡＢＬの発展は地域経済の振興などにもつながるのである。

　さらにいえば、ＡＢＬは震災復興のためにもひじょうに有効である。復興のための一時金を得て生産体制を整え生産を再開したばかりの企業をイメージしていただければ、よくわかっていただけるであろう。地域金融機関は、それら企業の製品の質、在庫管理や顧客情報管理の適切さ、等を勘案しながら、動産・債権担保によって運転資金を融資し、育てるべき、また残すべき優良企業を見出していくべきなのである。

　けれども、いくら生かす担保といっても、破綻に至るケースもありうる。実際に倒産に至った場合の具体的な担保実行方法をどうするか等、実務上、法制上の残された議論も多い。

　そして、我が国での実施実績（取扱残高）は、着実に成長してきたとはいえ、リーマンショック後の経済全体の低迷もあって、このところ三五〇〇億円から五〇〇〇億円程度で推移しており（二〇一一年三月末の残高は約四三三八億円）、まだ決して大きな取引高になってはいない（企業の借入金残高全体は約四五〇兆円であるから、ＡＢＬの占める割合は、いまだ〇・一パーセント程度に過ぎない）。

しかしひとつの朗報は、二〇一一年六月に日本銀行が、このＡＢＬやベンチャーの起業等に対して、五〇〇〇億円の資金枠を設定したことである。計算上は、市場規模をほぼ倍増に向かわせる可能性を与えてくれたものということになる。

「民法は中小企業の金融法」という命題は、こうして、民法をはじめとする特別法の整備と、国中のさまざまな機関の協力によって、これからもより明確になっていくものと思われる。

第六章　市民文化と民法教育

なぜ民法に関心が持たれないのか

ここまでお読みいただいて、民法って結構面白い、と思っていただけただろうか。ともかく、民法は私たちの日常生活に密着した、ひじょうに（おそらくはもっとも）重要な法律なのである。しかし、われわれ市民は、日ごろの生活のなかでどれだけこの法律に関心を持って生きているだろうか。本書ではじめて民法というものの具体的な内容を知った、という読者も結構おられるかもしれない。まして、次章以下で解説する、現在進行中の我が国の民法（債権関係）改正論議についても、そんなことは全然知らないという方がほとんどではないだろうか。

では、なぜ民法は関心を持たれないのか。この問題は、じつは簡単に解き明かせる話ではなさそうである。

歴史と市民文化のマトリックス

私は、この問題は、民法というものと市民とのかかわり方を、歴史の流れを横軸に、社会のあり方や市民文化のレベルを縦軸に取った、「歴史と市民文化のマトリックス（行と列）」のなかで分析していくことによって、ようやく答えが見出せるものではないか、と考えている。

たとえば、福澤諭吉は、その一八七五(明治八)年の著書『文明論之概略』のなかで、「天下衆人の精神発達」が重要であると説いていた。つまり、「普通の市民」の意識レベルの向上こそが重要であるというのである。そのような、市民文化や市民の意識レベルから、明治の民法典論争を考察し、また第二次世界大戦後の家族法改正などを考察する作業が必要なのであろうと思われるのである。

言葉を換えれば、国民のなかのどういう層の人びとが、その時代の「意思の総体」を形成し、それぞれの民法の制定や取捨選択をしたのか、いわゆる一般の市民は、その時代にどれだけそれらの民法の制定や改正作業を理解し、またかかわりを持てていたのか、ということなのである。つまり、「自分たちの勝ち取った民法」という意識はもともとどれだけ形成されていたのだろうか。

そうすると、そもそもおおもとの問題は、明治初年にいわゆる近代市民社会の市民層がいまだできあがっていないところに近代民法典を移入するという、いわば「順番が逆」の成立経緯にあった、というところから順次論じなければならないと考えられる。しかし、市民文化の形成過程や市民の意識レベルの向上の問題を、明治、大正、昭和、平成という歴史の流れのなかで検証する作業は、とても本書の紙幅でできるものではなさそうである。

したがってここでは、市民にとっての民法に関する情報の与えられ方、すなわち民法教育ないし法学教育の問題に焦点を絞って論じておくことにしたい。

法学教育の伝統的問題点――現代の法科大学院教育から遡る

我が国の法学教育は、どういうものであったのか。序章でも触れた、我が国の法律学の教え方の問題から解きほぐして見ていきたい。

現代の、しかも二一世紀に入って以降の時間の流れのなかでいえば、従来の法学教育（そしてその中心にあった民法教育）は、存在する法、あるいは、存在すべき法を、裁判官の視点で教えてきたのが、二〇〇四年の法科大学院開設以降は、当事者の視点を重視して教えるようになり、そのためのあるべき法を追求するようになってきた、といわれる（松本恒雄『法曹養成と臨床教育』一号所収論文）。そして、法科大学院生が受ける新司法試験（私もこの試験制度の改革に関与した）の出題のかたちも、法律学上の論点を書かせることの多かった旧司法試験よりも、現実にあるような紛争事案を示して、当事者の視点に立ってそれぞれの主張を考えさせるようなかたちに変わってきている。

しかしこれらは、あくまでも職業としての法曹教育における変容についての指摘である。そうではなく、大学法学部（つまりその卒業生は法曹になる者もいるが、多数は一般の企業等に就職する）での教育や、法学部以外の大学における一般教養としての法教育、さらにいわゆる市民大学とか消費者センターなどでおこなわれる、市民生活に必要な法的知識を与える教育のレベルまで想定した市民法教育（あるいはより広く法学教育）の教え方とか教える姿勢は、どのようであったのか。

権威と結びついた法学教育

少し専門的な話になるが、一九世紀から二〇世紀末までの我が国の大学における法学教育にひとつ特徴的であったのは、やはり専門家（それも法曹というより研究者）養成のための教育がもっぱらにおこなわれ、しかもその内実は、どういう人材を養成するかというよりは、教授する学者が自らの学説を語ることが中心になっていた、学者の視点での講義であったことが挙げられる。

じつはそこでは、法というものを現実の紛争解決のためのツールとして認識することはあまり意識されていなかった（末弘《すえひろ》厳太郎《いずたろう》博士の判例法の重視や、川島武宜《かわしまたけよし》博士の唱えた「経験法学」も、それらの傾向への反省の動きともとらえられるが、たとえばそれが、裁判官の判断過程の研究などというかたちで深められていった場合には、やはり市民目線での紛争解決の研究からはほど遠いものになる）。ましてや、一般の市民にわかりやすく法を説くという教授法は、ほとんど開発されていなかったと言ってよい。

さらに、そのような法学専門教育では、この条文はこういう意味を持つ、という説明がされるにあたって、まず、立法者の公に示された解釈が十分に語られるべきであったのだが、ボワソナード旧民法典を修正するかたちで作られた明治民法典（前三編はほとんどそのまま現行民法典）の場合、フランスやドイツの場合と異なり、正式な理由書が作られなかったこともあって、今になってみれば、いささか奇妙な展開をすることになる。

すなわち、民法典制定当初こそ、梅謙次郎、富井政章ら起草担当者の体系書がある程度流布したものの、明治の末年ころからは、ドイツ法学等を参考にした、（場合によっては起草趣旨とは離れた）それぞれの学者の解説書が出版されるようになり、そのなかの有力なものがやがてひとつの権威として扱われるようになっていく。そして、それらのいくつかの有力学者の解釈論が、（いささか誇張のある表現かもしれないが）それに対する信奉者によって伝播《でんぱ》され教授されていく、という構図ができあがっていったのである。

つい最近まで、多くの大学の法学教育は、このように、（裁判官の視点という以上に）いわゆる学理を説くものであって、市民生活の紛争解決のために教えられるものではなかったといえる。

市民生活のリスク回避という観点

いずれにしても、現代の我が国にあって、民法をめぐる最大の問題は、一般市民が民法の内容を正確に知らず、また知る契機も与えられていないところにある、というべきなのではなかろうか。

先に述べた、市民生活にとってたいへん重要な情報である保証についても、高校教育ではまず教えられることはないし、大学でも法学部で民法しかも債権法を学ばなければ、たぶん正確な知識を得られないだろう（法学部以外の学部の「法学」の授業では、触れられない可能性も大きい）。

では学校教育以外の市民教育の場で教えられることはないのか。残念ながら、自治体の市民講座のようなものがどれだけ常設してあるのか、また市民がそれに参加しようとするインセンティブがどれだけあるのか、かなり心許ないところである。実際、民法の話では、小惑星探査機「はやぶさ」の帰還とか、ｉＰＳ細胞の発見の話のような、市民がわざわざ聞きに行きたいと思うまでの魅力がないのは正直なところである。

しかし、それだからこそ、市民生活のリスク回避という観点から、民法や、その周辺の消費者法等を含めた法律を必要最小限でも教えておくしくみは必要なのではないだろうか。

振り込め詐欺からネット売買のトラブルまで——増大するリスク

自分たちの勝ち取った民法、という意識がもともと希薄なところに、現代では市民に対する新たな脅威がさまざまなかたちで顕在化してきている。そのひとつのきっかけとなったのが、バブル経済の崩壊とその後の景気の低迷である。先に述べた、個人保証の問題の深刻化はこれと大いに関係がある。

さらに、高齢化社会の問題も加わった。いわゆる認知症の問題が自分に降りかかったらどうするか。「オレオレ」と息子を装って高齢者に電話をする振り込め詐欺の問題は先に述べた。判断力が乏しくなる前に自分の財産の管理をする後見人を選んでおく「**任意後見契約**」をする民法の特別法も作られたのだが、今度はその後見人になった人が後見される人の財産を自分のために使ってしまう、というケースも増えている。

それにコンピューター化、IT化の進展にともなう情報リスクの増大の問題が加わる。携帯電話時代の初期には、子供がダイヤルQ^2で高額の支払いを迫られた、などという問題もあった。さらに、最近は、インターネットの売買で粗悪品が送られてきたなどの新聞記事も目につく。そして最新の問題としては、たとえば、買い替えたスマートフォンにもともとインストールされていたアプリケーションソフトが、知らないうちに更新されて、新たな使用料の請求が来た、などという事件など、市民が自分で意識しないところでさまざまな法律関係が発生したりしている。

そしてこれらの生活上のリスクは、基本的にはすべて民法及びその特別法の対処すべき領域なのである。

学生・生徒が知っておくべき民法

したがって、現代の市民は、できれば未成年の段階から、民法についての情報を与えられる必要があるだろう。ここでは、私が必要と考えている、高校や大学での民法教育ないし市民法教育（数時間でもいいから必修）というものを書いておきたい。

まず高校生では、成年年齢が一八歳に引き下げられたことに注意したい。そのうえで、未成年者の契約の問題がある。未成年者が勝手にした契約は取り消せるか、親からもらった小遣いならば自由に使ってよいのか、などのことは、すべて民法に書いてある。さらに大学生に対しては、学生生活のリスク回避という意味で、①一人暮らしで親からもらっているキャッシュカードの使い方の問題、②さらに成人したならクレジットカードなどの問題、③バイクで事故を起こしたときの問題、④サークル活動で友人にケガをさせたりしたときの問題、⑤悪徳商法にひっかかったときの（あるいはひっかからないようにする）問題、⑥さらには婚約、妊娠、結婚の問題など、教えておかなければならない問題は数多い。そしてここに挙げた問題のほとんどは、民法かその特別法の問題なのである。こういう民法教育の機会に、保証のことなども教えておけば、どれだけ彼らの人生が安心・安全なものになることか。

さらに、これらの民法関係の知識に道路交通法規の知識なども含めて教える、「学生生活と法」というような講義を、一コマでも二コマでもいい、大学、短期大学、高専等の必修科目にしてほしいと私は考えている。さらにいえば、高校でも、社会科とか公民の授業の中で、こういう内容が触れられるべきである（私は、いくつかの高校でそのような講演をしたことがあるが、高校生はみな熱心に聞いてくれた）。

持続可能な社会と持続可能な個人生活のために

最近、サスティナブル（sustainable）という言葉がよく使われる。一昔前には聞きなれなかった言葉である。支持できる、維持できるなどの意味から、現在では、持続可能な、とか、ひいては、環境を破壊しない、などの意味で使われるようになっている。

京都議定書、というものをこれまでに新聞で読んだ人も多いだろう。地球上の二酸化炭素の排出量を抑えるための取り組みについての国際的な合意をしたものである。つまり、この地球上の人類が生存をつづけていけるかどうか、というレベルまで、環境破壊の問題は深刻になっているのである。

しかし、じつはこういう地球規模のサスティナビリティ（持続可能性）だけが問題なのではない。私は、「個人の生活のサスティナビリティ」を真剣に考えなければならない時代になっていると思う。

社会の情報化、電子化、高齢化等をひっくるめて、仮に「高度化」と呼ぶならば、この現代の高度化した社会には、従来よりも、市民生活についてのリスクが蔓延しているのである。民法を「空気のようなもの」と感じて、それを知らなくても何の心配もなく生きていけたという時代は、ある意味では幸せな時代だったのかもしれない。けれど、そういう時代は終わった。

幸福な生活がある日突然破綻をきたさないために、民法の知識を持つことの重要さは、確実に増してきているといえる。

そしてさらに、その知るべき民法自体もまた、時代の流れのなかで、さまざまな意味でリニューアルの必要性を論じられるようになってきた。それがこの「現代」なのである。次章以下はその話に移ろう。

第七章　「わかりやすい民法」とは

——民法（債権関係）改正論議（1）

民法をやさしくする？

二〇一二（平成二四）年五月一八日付のある全国紙に、「民法をやさしくする」と題したコラムが載った。そこでは、「政府が進めている民法の改正作業では、国民にわかりやすい内容にすることを目的の大きな柱にすえる」と書かれて、「『専門家なら理解している』という理由で、明治の制定時には省略された法律用語の定義を条文に盛り込んだり、判例によって確立したルールを明記したりする方向だ」と書かれていた。

本当にそういう「方向」で議論をしてくれているのなら、それはたいへん良い話である。ただ、この記事のいう民法改正作業は、以下に紹介する法制審議会民法（債権関係）部会でおこなわれているものを指していると思われるのだが、そこでの議論は、必ずしもそういう方向でされてきたようには思われない。

たしかに、二〇〇九年に同審議会部会への諮問がされた際の理由では、「国民一般にわかりやすい」民法にするということが二つ目にうたわれている（以下に紹介する諮問第八八号参照）。しかし、同審議会部会の議事録からわかる議論は、法律用語の定義を盛り込んだり判例の確立したルールを条文に書き込むなどというレベルのはるかに先を行った、かなり学理的なものや、国際的な学説動向などを意識した先進的・革新的な議論が多く、その内容は決してわかりやすいものではない。

そもそも、この法制審議会部会に加わっているメンバーのなかでは、国際的にアジアから世界の民法（債権法）を統一化するモデルを作るかどうかという国家戦略の問題、などということも語られていて（内田貴《たかし》『債権法の新時代』商事法務）、どこまで「わかりやすさ」が当初からの主たる目的として意識されていたのかは、かなり疑問である。

法制審議会への見直しの諮問

公式な動きを少し説明しておくと、日本民法典は、二〇〇九（平成二一）年の秋から、法務省の法制審議会の民法（債権関係）部会というところで、債権関係の部分を中心に全般的な見直しの論議に入っている。ただ、今回の改正作業（正確には「見直しの作業」）については、そもそも最初のきっかけがはっきりせず、どういう方向の改正をしたいかも白紙ではじまったので、いろいろ批判をされているところではある（加藤雅信『民法（債権法）改正』日本評論社など参照）。

正式にどう公表されたのかはあまりはっきりしないのだが、二〇〇六年に法務省の幹部が改正の意向を明らかにし、それからいくつかの学者グループが改正案を明らかにするなどの経緯があって、二〇〇九年一〇月二八日に、法務省の法制審議会に、民法（債権関係）

の見直しについて法務大臣から以下のような諮問がされた（諮問第八八号）。

民事基本法典である民法のうち債権関係の規定について、同法制定以来の社会・経済の変化への対応を図り、国民一般に分かりやすいものとする等の観点から、国民の日常生活や経済活動にかかわりの深い契約に関する規定を中心に見直しを行う必要があると思われるので、その要綱を示されたい。

この段階では、諮問の理由として、「同法制定以来の社会・経済の変化への対応を図り、国民一般に分かりやすいものとする等の観点から」ということが挙げられていたわけである。

諮問の理由と見直しの対象範囲

法務省民事局の解説文は諮問の理由を以下のように説明している。

①　社会・経済の変化への対応　　民法第三編（債権）を中心とする債権関係の諸規定は、明治二九年の制定以来、これまで全般的な見直しが行われていない。この間

に、我が国の社会・経済は、通信手段や輸送手段が高度に発達し、市場のグローバル化が進展したこと等、著しく変化しており、債権関係の諸規定についてもこの変化に対応させる必要がある。

② 国民に分かりやすい民法　民法制定以来一一〇年余りの間に膨大な数の判例法理が形成され、その中には、条文からは容易に読み取ることのできないものも少なくない。そこで、民法を国民一般に分かりやすいものとする観点から、判例法理等を踏まえて規定を明確化する必要がある。

そして、見直しの対象範囲としては、

「第三編（債権）の規定全般と、第一編（総則）のうち債権との関連の深い法律行為、消滅時効等の規定を対象とする。以上の債権関係の諸規定のうち、国民の日常生活や経済活動とのかかわりの深い契約に関する規定を中心に、見直しを行う（不法行為等の規定の見直しは、最小限にとどめる）」とされている。ちなみにこの諮問を発表した際の大臣談話では、「民法のうち債権関係の規定の全般的な見直し」と表現されていた。

いずれにしても、かなり広汎な見直しが意図されていることが理解されよう。

何をどう直す改正か？

しかし、この法制審議会民法（債権関係）部会の審議開始はいささか異例であった。最近の我が国の立法プロセスは、法制審議会諮問以前に、法曹界・学界・実務界・市民団体等の代表を集めた研究会を組織して意見を集約するのが通常の手順である。しかしながら今回は、民事の基本法の改正でありながら、そのような手順を踏まず、複数の学者グループの議論を経ただけで諮問に至った。したがって、法制審議会部会の審議に入る前の意見集約が明らかに不足していたといえる。しかも、法務省側には審議開始にあたって何をどう直すか（どこをどう問題にするか）の目論見《もくろみ》はまったくなく、白紙の状態ではじめられたのである。当時、予断なく広く議論をしてもらうためという説明はされたのだが、まさに「見直し」のための「見直し」、はじめに「改正」ありきの作業、と批判されても仕方のないところはあった。

その結果、審議会部会では、現時点で実際に問題があるとされているかどうかにかかわりなく、ひじょうに広範な議論がなされ、しかも、各委員の精力的な議論には敬意を表すべきではあるのだが、議事録で明らかになっているように、一部の学者からの斬新なあるいはかなり学理的な提案に対して、弁護士や実務家の委員による実際の取引実務の観点からの疑問がいろいろと投げかけられるという、本来は審議会以前の学会や研究会でおこなうべきと思われる議論（ないし意見交換）がくりひろげられているようなところもある。

世界的な変革期？

もっとも、近年は、世界的に見ても、民法を大きく改正する動きが見て取れるのは確かである。ドイツでは二〇〇二年に債務法の部分の大改正をおこない、フランスでは、二〇〇五年に債務法の改正案が出され、二〇〇六年には担保法が改正されている。民法典の編纂が遅れていた中国でも、一九九九年の契約法、二〇〇七年の物権法、二〇〇九年の不法行為法と、急ピッチで整備が進んでいる。さらには、EUでは、契約法を中心に国境を越えて統一の法典を作る提案などがいくつも出されている（第一〇章を参照）。こういう、世界的な動きに乗り遅れないようにという声も聞こえてくるところであり、それには一定の合理性もあると思われるが、やはり闇雲《やみくも》にすべてをいじろうとするのではなく、我が国における立法のニーズの有無をしっかり確かめて作業に入るべきであろう。

改正作業と周辺からの評価

実際、右の改正作業がはじまってかなりの日が経ち、法制審議会民法（債権関係）部会は、二〇一一年四月に第一段階の審議を終え、五月には「民法（債権関係）の改正に関する中間的な論点整理」というものを公表した（もっとも、ここで「論点整理」と表現はされているものの、発表されたものはそれまでの広範な議論の内容の紹介であって、そのほとんどが、継続して審議されるべきものとしてあり、実際には論点が数的に「整理」されたものではない）。そしてこれについての意見公募（パブリックコメント）も、（震災復興の最中の）同年六月初めから二ヵ月の期間でおこなわれたのだが、報道もあまりされず、市民には一向にその情報が伝わっていない。二〇一二年秋の時点でも、そのような改正作業が進行していることさえ知らない市民が圧倒的に多いのではなかろうか。一方、消費者団体などには、取引法の側面を重視した提案に対する強い懸念の声も上がっており、また実務家のあいだには、自分たちの契約自治の確保のために、余計なことをしてほしくない（民法にあまり詳細な条文を書き込まれるとかえって困る）などという消極論も多いようである。

法制審議会部会の作業としては、二〇一三年春には中間試案が公表される予定であるが、その後どのように推移するのかは今のところよくわからない。

政府と市民のギャップ

そうすると、これらの改正論議の中身とそのさまざまな問題点を伝えることも重要なことになるはずではあるのだが、序章で述べた「市民目線」ということからすれば、最大の問題は、市民を対象とする、市民のための民法が、何やら市民とかけ離れた、雲の上の作業で改正されようとしている（ように見える）ことにあるといえよう。

したがって、まずそのギャップを解消する必要がある。もっと言えば、政府が何を考えて民法をどうしようとしているのか、を市民が知る必要があるのももちろんなのだが、それ以前に、それぞれの市民が、この社会の基本的な構成原理といわれる民法が、自分たちをどう扱い、自分たちに何を求めているものなのかを正しく理解することが先決だろう。正直のところ、今まで何も民法についての啓蒙活動をしてこないでおいて、「市民にわかりやすい民法にする」とはどういう感覚だ、という市民の声も聞こえてきそうである。

もっとも、立法によって解決すべき問題があるかどうかにかかわらず、現実に必ずしも即していない学理的な提案も含めて、この時期に債権関係のすべての分野について文字通りの「見直し」をすることは、ひじょうに有意義なことであるのは間違いない。現在法制審議会で進行中の作業が、最終的にどのようなかたちで結実するかはまだ未知数であるものの、後世に貴重な資料を残すことになろうし、その学問的成果もたいへん大きなものとなろうと想定される。

いずれにしても、法制審議会への諮問のあった、①社会・経済の変化への対応、②国民にわかりやすい民法にする、という点については、本書でも順次考察しておく必要があろう。

歴史と市民文化のマトリックスのなかの改正論議

私は、この現代の民法（債権関係）改正の議論も、第六章で述べた、歴史と市民文化のマトリックス（行と列）のなかで論じられなければならないと考えている。つまり過去、現在、未来という時間の流れのなかの分析視点と、それぞれの時代の社会のあり方、市民文化の形成レベル、取引実務の実際等を組み合わせて、いわば縦と横の座標軸を複数想定して分析していくことによって、問題のありようが浮かび上がって見えてくる、と思うのである。

そして、そこでは、普通の国民、一般の市民の知的レベルの向上がもっとも肝要なことなのであるとすれば、現代の民法（債権関係）改正は、まさに「天下衆人」の意見を結集しておこなわれるべきである。明治民法制定以来一一〇年余りを経過し、学者も成長したが実務家も市民も成長したのである。その事実が、民法（債権関係）改正作業に正しく反映されるべきと思うのである。

わかりやすさの難しさ

さて、そこで、わかりやすい民法の話に戻る。くりかえすが、このわかりやすい民法を作る話は、当初の二〇〇九年の諮問の理由の二番目に書かれていて、最近になって政府の説明の前面に出てきたようなのであるが、じつは、わかりやすい民法というものはそうたやすくできるとは思われない。

少なくとも、わかりやすい民法を作ろうとするためには、まず、民法を使う者の目線に降りてきた議論をしなければならないと思う。つまり、民法を読み、使う側の立場に立って、それらの人びとの知識レベルと言語感覚で、まずは①日本語の文章としてわかりやすいものとすることが、つぎに、②書かれてあることで内容が理解できること、が大切である。

しかしこの②は、じつは難しい問題を含む。つまり、後に述べるように、意思による自治を尊重するのであれば、規定に書きすぎて、当事者の自由なルール作りを阻害してはならない、という、基本法たる民法ならではの重要な任務があるからである。それにくらべれば、①のほうは、一見簡単に見えるかもしれない。しかしこちらも、そうたやすいことではないのである。法律用語というものが、市民生活でのその言葉の使い方と乖離《かいり》してはならないというのは当然のことなのではあるが、ひとつひとつの法律用語が、特定の意義を持ったものとして定義されるものである以上、どんな市民にとってもわかりやすいものにできるか、といえば、それにはおのずから限界がある、といわざるをえないのである。

二〇〇四年の現代語化改正

まず、純粋に日本語のわかりやすさを目的に民法（前三編の財産法の部分）を改正する作業をおこなったのは、二〇〇四年の現代語化改正であった。つまり、明治二九（一八九六）年に公布され明治三一年に施行された日本の民法典（前三編の財産法部分は基本的にその時からのもの）は、この現代語化改正以前は、文語体のカタカナ交じりの文章で書かれていて、濁点がなく、句読点もないものだった（なお後ろ二編の家族法の部分は、第二次世界大戦後の昭和二二年に大改正を受け、その際に口語体・ひらがな交じり文に変えられている）。そこで、法学部の学生でもスムーズに条文が読めないなど、いろいろと弊害が出てきたので、①原則として条文の意味内容は改変しない、②ただし、確立した判例法理があって学説も承認している、というところについてはその判例法理に合わせて条文の文言《もんごん》を変える、という方針で、研究会を立ち上げて原案を作ったのである（なお、この現代語化改正の国会審議の際には、保証のところだけは、後述のように一部実質改正をおこなっている）。

意味を変えない現代語化の難しさ

この民法現代語化改正の原案を作ったのが、星野英一東京大学名誉教授(当時)を座長とする研究会であった。私もその民法現代語化研究会の八人のメンバーの一人である。じつはこの研究会は、一九九六年にはすでに民事局長に現代語化案を提出していた。関係法規が広範に及ぶなどの理由で準備に手間取ったためか、二〇〇四年まで国会提出が遅れたというわけである(詳細は池田真朗編『新しい民法――現代語化の経緯と解説』有斐閣参照。なお、保証の部分の実質改正については、法制審議会の保証制度部会〈部会長・野村豊弘学習院大学教授〔当時〕〉によって審議された。国会提出時にひとつの法案にまとめられたものである)。

この現代語化改正作業は、やってみると、思ったほど簡単ではなかった。条文の意味を変えずに現代語化するのが大原則だったのだが、たとえば「……スルコトヲ要ス」は、もちろん「……する必要がある」ではなくて「……しなければならない」であるなど、機械的な日本語の転換ではすまないことも多かったし、現代では使われなくなった単語を上手に他の語に置き換えるなどの作業も必要だったためである。

一例を挙げれば、それまでの民法典には、出捐《しゅつえん》という言葉が何ヵ所か使われていた。何らかの財産的な支出をすることであるが(かつては「義援金」は「義捐金」と書いていた。義によって捐ずるお金、なのである)、捐の字が通常使われなくなったこともあり、法学部生の誤字ナンバーワンになっていた（試験をすると、出損という字がたくさん出てくるのである。たしかに支出をすれば損をするが、出損という日本語は民法にはない）。この用語を民法典からなくすために、たとえば、「免責ノ為メニスル出捐ヲ為シタル」（民法旧四六三条②項）を、「自己の財産をもって債務を消滅させるべき行為をした」と書き換えたのである。

「わかりやすくする」提案とその是非

ではつぎに、今回の債権法改正で議論されている主要な提案について、それで言葉遣いという意味で「わかりやすい」民法になるのかどうか、を検証してみよう。例として挙げるのは、今回の法制審議会民法（債権関係）部会で、最初から時間をかけて議論されていた、債務不履行の帰責事由の問題である。

しかし、こう書いた段階ですでにわかりにくいものであろうから、まずその「**債務不履行の帰責《きせき》事由**」を簡単に解説するところからはじめよう。

最初に言っておくと、これは、今回の審議会部会ではたいへん大きな議論として扱われているのだが、そもそもが学理的な理由からの改正論であって、現行規定のままで明らかな不都合があるわけではない（弁護士会などは、こういう、現在改正すべき問題点が明らかにあるものではない部分を改変するという提案に対して、「立法事実がない」という言い方で批判をする。たしかにこの問題はさしたる立法事実が認められないものである）。

債務不履行と帰責事由

まず、債務不履行というのは、文字通り債務者が債務を履行しない場合であるが（履行がもはやできなくなった場合も、期日を過ぎても履行されていない場合も含む）、日本民法では、この債務者の債務不履行と法律的に評価できる場合は、債権者は損害賠償を請求したり、契約の解除ができる、と定めている（四一五条、五四一条、五四三条等）。ただそのような効果を生ずる「**債務不履行**」として認める要件として、債務者の**帰責事由**が必要であるということになっていた（正確に言うと、条文にその旨書いてあるのは、履行がもはやできなくなった履行不能の場合だけで、履行が約束の日を過ぎてもおこなわれていない履行遅滞の場合については明文規定はないものの、解釈でこの場合も帰責事由がいるとされている。判例及び従来の通説。もちろんこういうところは必要な範囲できちんと明文規定を置いたほうがよい）。

そして、この帰責事由というのは、債務者の「責《せめ》に帰すべき事由」をつめたもので、債務者の帰責事由とは、債務者自身の故意・過失と、信義則上それと同視できるもの、つまりたとえば債務者の手足となってはたらく人（履行補助者）の故意・過失などを含めた概念をいうものとされる。

問題はそこからである。これはもっぱら、学者の言っていることで、弁護士や実務家でそんなことを言う人はあまり見かけないのだが、そもそも故意とか過失というのは、基本的に無関係の人間同士が交通事故を起こして他人に損害を与えたなどという場合に損害賠償請求を認めるという、「**不法行為**」(民法七〇九条以下)の問題で論じるべきものであって、契約をした両当事者は、そもそも信義に従い誠実に契約内容の実現に努めるべきものなのだから、帰責事由があるかないかを問題にせず、約束通りに履行がされなかった場合については、帰責事由を要件としないで債務不履行としようというものである。

注意したいのは、この議論において、提案者の学者たちは、故意や過失を要件にするのは不法行為の世界だから(不法行為の世界では、故意や過失がないのに他人から損害賠償の請求を受けるのはおかしいとして、故意や過失があってはじめて不法行為になる、という「**過失責任主義の原則**」が採用されている)、債務不履行の世界に帰責事由を持ち込むのはおかしいと力説する。しかし、それはまさに理論的におかしい、ということであって、判例や実務は、不法行為と同じ過失責任主義だからという理由からではなく、とにかく、債務不履行と認めるべき帰責事由があるかどうかで判断している。市民にとっても、過失責任主義などということは条文の上に出てくることではないので、つまるところ、帰責事由という言葉がわかりにくいか、文字面《づら》からして意味がある程度想像できないか、というところに帰着するように思われるのである。

引き受けていなかった事由とは？

もっとも、改正案の提案者は、そうやって帰責事由という用語を用いることを不適切と批判しながら、それでは帰責事由がなくてもすべて債務不履行と認めるかといえばそれでは言い過ぎなので、例外となる場合を認めようとし、それがどういう場合となるのかというところで、「債務者が引き受けていなかった事由」による不履行の場合は責任を負わない、という概念を持ちだした。帰責事由の有無を問わず、原則約束通りの履行を求め、ただその免責事由として、「債務者が引き受けていなかった事由があったときには免責される」という、提案である。

そこで市民の皆さんに質問してみたい。「帰責事由」という用語はわかりにくいし理論的に適切でないから、かわりに「引き受けていなかった事由」という用語を使うことにしよう、という提案は、一見わかりやすいだろう。しかしその場合、「引き受けていなかった事由」という日本語を皆さんはどういう意味と思うだろうか。たぶん、「債務者が債務として（つまり、なすべきこととして）引き受けていなかった」という意味だと思うのではなかろうか。けれどもこの提案者たちの使っている意味はそうではない。「債務者が、そこまでのリスクを引き受けてはいなかった」という意味で使っているのである（たとえば、売主が注文を受けていた品物を急に製造中止にして売らないことにしても、その理由が原料に健康被害を与える物質があるとわかったからという場合は、売主はそういうリスクまでは引き受けていなかったので損害賠償責任を負わない、などというふうに使う）。これで国民にわかりやすくなる、といえるのだろうか。平易な表現でも、より誤解を招く表現だとしたら、かえって法文として不適切であろう。

日本語は難しい。ことほどさように、そもそも国民にわかりやすい民法にする、というのは、じつは簡単なことではない。「帰責事由」のままがいいのか、「引き受けていなかった事由」を使うほうがいいのか。本当に国民にわかりやすい民法をめざすのなら、ここから先は、法学者が集まって議論するより、中学や高校の国語の先生を集めて議論したほうがいいのではないかとさえ思うところである。

契約の拘束力の重視

もっとも、提案者の立場に立ってひとこと弁護すると、これは世界的な議論の趨勢《すうせい》として、契約の拘束力の重視ということから、債務不履行責任の追及に帰責事由を要求しない

（契約した以上はそのとおり履行しなければ債務不履行になる）というのが国際的に多数の考え方になっている、という背景がある（第二章で紹介した、ウィーン売買条約はこのような発想に立っている）。したがって、提案者たちはその趨勢を意識してこのような提案をしているのであろうと思われる。

けれども、くりかえすが、市民にとっては、過失責任主義での説明が不適切かどうかなどということは、まったく関心のないことであろう。だからこそ、市民のレベルに降りてきて、市民が納得する「やさしい」理由を提示してくれなければ困るのである。さらに言えば、法改正のための審議会の仕事は、どういう規定を作ったら、どういう紛争がどう解決されるのか、を検討することであろう。規定の「説明の仕方」について延々と論じるのは（もちろん説明のつかない規定を作ってしまっては困るが）、学会等でゆっくり議論すればよいことであって、立法作業としてはいささかピントがずれているように思う。

【追記】結局二〇一七年改正は、債務不履行の成立要件から帰責事由を外し、契約通りに履行しなかった事実だけで債務不履行が成立することにした。ただし、その債務不履行が債務者に全く帰責事由がないケース（天災などの場合）で損害賠償などを認めるのはおかしいので、まったく帰責事由がないことを、損害賠償請求を免れる、いわば「免責事由」として認めることになった（民法新四一五条一項ただし書き参照）。

第八章　古くなった民法を改正する話

——民法（債権関係）改正論議（2）

時代遅れの民法典？

最近の民法（債権関係）改正の理由として挙げられるもののひとつに、「日本の民法は古くなったから書き換える必要がある」という議論がある。そのなかには、「一一〇年以上前に作られたもので、もはや使い物にならない」とか、「条文の足りないところを埋める判例がたくさん出ているので、それらを知らないと条文だけでは適用のされ方がわからない」などという意見が出されている。これらについて、少し考えてみよう。

まず、民法は一八九六（明治二九）年に作られてから、（家族法の部分は第二次世界大戦後の一九四七（昭和二二）年に大改正されているが）財産法の部分は、今日に至るまで、細かい改正はあったが全面的な改正はされていない、というのはそのとおりである。

そうすると、条文が古くなっているから、書き直す必要がある、という意見が当然のように出てくるのだが、これを順次検証してみよう。

国の政策のなかでの民法（債権法）改正の位置づけ

前章で紹介した民法（債権関係）の見直しについて、日本政府の「規制改革推進のための三か年計画（再改定）」（二〇〇九年三月三一日閣議決定）における決定内容としてホームページに掲げられているところを見ると、以下のような記述がされている。

民法（債権法）の改正に関する事項については、法務省自らが責任をもって、検討を行い、法務省における検討内容並びにその関連する資料等について、迅速かつ適切に情報公開を行う。また、特に、民法の債権編については、電子化などの社会情勢の変化により、法の条文どおりでの対応が難しく、判例等を参考にした運用における対応が多くなるとともに、強行規定については、過度に規制的でないかという視点からの時代に合わせた見直しも必要となってきているところである。

そこで、民法における強行規定の見直しを行うに当たっては、現行法の問題点の把握、法改正に関する実務からの要望、論点の整理、想定される改正内容、法改正に関する経済的社会的効果の測定などに関して、法解釈論の観点のみに終始せず、判例の追認に止まらないような幅広い影響の考察を行う必要があることから、法務省としては、社会経済的な要請に関する動向を注視するなど、関係機関との緊密な連携の下に積極的な情報収集を行った上で、効率性と公正に関する十分な考察を含む見直しにむけた作業を実施する。

というものである。

ここでは、民法をやさしくするという話は出てこないで、民法の債権編については、「電子化などの社会情勢の変化により、法の条文どおりでの対応が難しく、判例等を参考にした運用における対応が多くな」っているという説明とともに、「強行規定については、過度に規制的でないかという視点からの時代に合わせた見直し」というものが、新たに登場している（後者の強行規定云々は、ここで新たに登場しているのだが、これだけでは、何を対象に何を言いたいものか、どうも判然としない）。

いずれにしても、ここで述べられている、条文通りの対応が難しく、判例等を参考にした運用が多くなっている、というあたりを以下で検討してみよう。

民法の寿命？

まず、民法は、できてから一一〇年以上たったから、考え方が古くて使い物にならない、という意見はどうだろうか。じつは、民法の場合は、市民社会の基本法であり、基礎的・一般的なことを書いているので、そのほとんどは、一〇〇年くらいで使い物にならなくなる性質のものではないのである。逆に言うと、市民社会の基本理念という観点からすると、社会の発展のなかでも、そうそう大きく変わるものではなく、逆に、その基本理念の部分を法律にしたものがそう頻繁に変わっては、社会の安定性を欠くということにもなりかねない。

もちろん、すでに述べたように、社会の発展にともなって、民法の周辺に多数の特別法が作られ、それが民法より先に適用されることによって、民法典を補佐している。また、多くの判例ができて、民法典の条文を補充していることはたしかである。したがって、それらを、コンセンサスが得られる範囲で民法に取り込んで作り直す、というのは、ある程度説得力のある話である。

ただそれは、特別法や判例の準則として確立しているものを民法典の条文に書き入れれば、民法だけを見てより詳しい情報が得られる、ということにはなりそうなのだが、その整理を間違えるとかえっておかしなことになる可能性がある。そのあたりを少し説明しよう。

判例法リステイト

裁判所が、ある種の事件に何度も同じ判断を示して、いわゆる判例法理とか判例の準則というものを作り出している場面を考えてみよう。それだけ判例の立場が確立しているのであれば、民法の条文に入れてもいいのではないか、という話になる。専門家は、判例法リステイトなどという（これは、英米など、いわゆる六法全書のような制定法を持たずに判例の集積をもってルールとしている判例法の国で、判例を条文のようなかたちに整理して書き並べる作業を判例のリステイトメントと呼ぶところからきている）。一見、それは結構なこと、と思えるのだが、これも慎重にやらないと、思わぬ不都合を招くのである。たとえば、賃貸借契約についての確立している判例法理を例にとって説明してみよう。

頻発した賃貸借契約

賃貸借契約について、民法六一二条は、①項で、賃借権は賃貸人に無断で譲渡したり転貸してはいけない、と定め、②項で、もし無断で譲渡したり転貸したりしたら、賃貸人は契約の解除ができる、と定めている。つまり、たとえばアパートの大家さんは、だれが借りに来ても貸すのではなく、面談して、この人ならきちんと家賃を払ってくれそうだし、大事に使ってくれそうだから、と考えて、選んだ人に貸すのである。だから、借主（賃借人）がその賃借権を勝手に他人に譲ったり、また貸したりしてはいけない、もしそうしたら、貸主（賃貸人）は契約の**解除**ができる、という、その意味ではもっともな規定である。

しかしこれが、一九五〇年代の前半（つまり昭和二〇年代の後半）になると、賃貸人が、実際には何も困らないようなささいなことでも、それを理由にしてこの六一二条②項を使って契約を解除することが頻繁に起こり、紛争が多発したのである。

なぜだろうか。こういう、時代背景や社会事象から判例を考えることが、従来の法学教育では足りなかったようである（また、こういう質問に対して何も考えつかない、イマジネーションの乏しい学生が、法学部には多いようである。教えられたり、頭から覚えた知識を、そのとおりに答案に再現して、いい点を取ることはできても、どうしてそうなるのかとか、ではどうしたらいいのか、という聞き方をすると黙り込んでしまう優等生が多い）。

さて、一九五〇年代の前半である。たとえば大家は、借主が無断で弟を住まわせていた（弟もしっかり家賃を払っている）ケースで、六一二条①項の無断転貸だと言って同条②項で賃貸借契約を解除する、というふうに、この条文をいわば濫用《らんよう》するようになったのである。

需要と供給

なぜか。これは、法学部の学生よりも経済学部や商学部の学生のほうが簡単に答えてくれるだろう。

経済学部生A「そりゃあ、言葉は悪いですけれど追い出したほうが得だからでしょう」

教授「じゃあ、なんで得なんだろう」

経済学部生A「少なくとも需要と供給の関係で借りたい人がたくさんいるんじゃないですか。だから追い出してもすぐ次の人と契約できるはずです」

経済学部生B「それに、そういう需給関係があるんだったら、次の契約はもっと家賃を上げても借主が現れるかもしれませんよね」

当時、第二次世界大戦後の荒廃から立ち直ってきた我が国では、経済活動が盛んになり、特に都市部への人口流入がめだってきた。そうなると、アパートなどの供給が需要に追いつかない状況になる。すると大家は、以前からの安い賃料で貸しつづけるよりも、新しい借主により高い賃料で貸せるのであればそちらを選択したがる。仮に賃料が同じだとしても、需給の関係から、契約時には、(法律にはどこにも書いていない)「礼金」なるものを家賃の一ヵ月分とか二ヵ月分、大家に払うという慣習が都市部ではできてくる(これは完全に契約自由の世界で、需要が上回るから礼金を取るシステムが成立するのであって、借り手の方が少なければ、家賃も下がるし、礼金もゼロになる方向に向かう)。だから大家は契約をどんどん切り替えたほうがもうかるのである。

信頼関係破壊の法理

さて、そういう状況で、各地にささいなことでこの六一二条②項の無断譲渡転貸による解除をされるという紛争が続発した。そこで判例は、一九五三（昭和二八）年、五四年のあたりで、条文にはそう書いてあるが、賃貸人が何も困らないようなケースなら、この②項解除は制限される、という判決を出すに至るのである。法律の文章であるから、判決文は、賃借人の行為が背信的なものでなく、賃貸人とのあいだの信頼関係を破壊するに至らないような特段の事情があるときは、無断譲渡・転貸であっても、賃貸借契約を解除することができない、という言い回しをした。これが、「**信頼関係破壊の法理**」とか「背信性理論」と呼ばれる判例法理として確立するのである（くりかえすが、「信頼関係破壊の法理」は大多数の法学部生が知っていても、どうしてそういう判例法理ができるに至ったのかを理解している学生がひじょうに少ない。これは、法律家を育てる教育としては、憂慮すべきことであろう）。

すべての売買契約に通用する判例法理か

さて、話がいささか遠回りになったが、現在の債権法改正では、この信頼関係破壊の法理を、現在の民法六一二条②項のところに書き込もうという提案がされている。

それは結構なんじゃないですか、と簡単に言われそうなのだが、じつは事柄はそう簡単ではない。六一二条は民法の賃貸借契約の条文である。ということは、その賃貸借は、土地や建物の賃貸借だけでなく、トラックを借りる契約にも、工作機械を借りる契約にも、当事者が特別な約束をしておかないかぎりは、あてはまる。さてそうすると、信頼関係破壊の法理は、そういうさまざまな賃貸借契約にすべて通用する判例法理なのだろうか。否であろう。つまり、信頼関係破壊の法理は、上記のような、不動産（土地建物）、ことに居住目的の不動産について積み重ねられたルールなのである。そうすると、そのまま賃貸借契約全部に通用する規定としてこの信頼関係破壊の法理を条文に書き込んでしまっていいのだろうか。

判例の射程距離

判例というものは、そもそも、個別の紛争の解決のために裁判所が考え出したルールである。だから、その普遍性とか、応用範囲（専門家は「射程距離」という言い方もする）をしっかり見極めなければならない。

実際に、私が研究会のメンバーの一人であった民法現代語化研究会では、民法の条文を、意味を変えずにカタカナ文語体からひらがな口語体に直したのだが、その際に、ごくわずかの条文であるが、完全に確立した判例法理とみられるものがあれば取り込む、という作業をした。私がこの六一二条の前後を担当して、信頼関係破壊の法理を条文に取り入れることを提案してみたとき、座長の星野先生をはじめとする研究会メンバーの意見は、信頼関係破壊の法理は居住目的不動産関係だけで確立しているものであって、賃貸借契約全体に一般化することはできない、というものであった。私は、これは健全な判断だと思っている。

条文に入れることの是非

さて、そうすると、二〇〇四年に採用されなかったものが、二〇一二年の今、単純に採用されるとしたら、いささかおかしいのではなかろうか。今回は、賃貸借契約でも居住目的の不動産に限定したようなかたちで条文を付け加えるのだろうか。そのほうが、民法典を読む人にとってわかりやすい（紛争解決の予測がつけやすい）ということはいえるだろう。けれども、どういうケースにだけあてはまるのか、を正確に条文化するのは結構難しい。また、一度条文に書いてしまうと、ルールとして硬直化することもある（また、今後の類例に使えるのか使えないのか、規定の書きぶりによって異なってこよう）。だとしたら、そういう一部にしか使えないルールは、判例法理に任せておいて（あるいは特別法で規定を作って）、民法典の本文には書かないほうがかえって柔軟で適切なのではないか、という意見も出てくるところなのである。

消費者契約法の取り込み

さて、ちょっと違った状況ではあるが、民法（債権関係）改正論議では、民法の取引法ないし事業者法としての性質を重視する改正も提案されており、そのなかには、事業者の行動とその対極にある消費者の行動とを二つながら民法でコントロールしようという提案もされている。具体的には、現在、民法の特別法として存在している、消費者契約法の内容を民法に取り込んでしまおうとする提案がある。しかし、このような特別法の民法への取り込みにも、判例の取り込みと同様な問題が生じうる。

消費者契約法では、民法の錯誤取消しや詐欺取消しにまで至らないレベルでも、情報格差のある消費者が保護されるように、たとえば、事業者が重要事項について事実と異なることを告げたという場合には、それによって契約の申し込みや承諾の意思表示をした消費者は、それらの意思表示を取り消せるという規定がある（同法四条）。これを、「重要事項に不実表示があった場合は取り消せる」という規定にして、民法に取り込んだらどうなるか。民法は一般法である。ということは、対象を消費者や事業者に限定していた規定が、等しく一般に使われることになる。

そうするとたとえば、企業と企業が合併の交渉をしていて、契約書に、我が社にはこういう負債はありません、我が社はこういう会社との取引はしていません、などと表明していたもの（表明・保証条項などと呼ばれるが、いわゆる保証とは意味が異なる）が嘘だった、という場合には、この条文にあてはまると、不実表示だったから取消し、ということになってしまうだろう。

保護されるのならそれでいいのでは、と思う人もあるかもしれないが、話はそうは簡単ではない。会社同士の交渉の場合は、表明していたものが嘘だった場合には、損害賠償が取れることにしたり、契約を延期にしたりなど、取消し以外の効果を約束する場合もいろいろとある。したがって、そのような契約をしている企業人たちにしてみると、自分たちの自治というか選択の余地が狭まってしまう民法は困る、だから余計な改正はしないでくれ、というのである。

特別法を取り込む必然性は？

もともと、消費者契約法をなぜ民法に取り込まなければいけないのかがよくわからない話である。検討してみることと立法案を考えることの区別をつけていただきたいと感じるところである。もっとも、取り込み推進論者には、いろいろと例外規定をつけますからそんな心配はいりませんよ、とおっしゃる向きもあろうが、そんなにいろいろ例外規定をつける必要があるものだったら、そもそもなぜ民法に取り込むのですか、そのまま特別法にしておくべきなのではないですか、と質問したい。少なくとも、法理論の観点から法体系を再構築する、などという議論は、学者の自己満足にすぎないというべきであろう。

第九章　社会・経済の変化への対応
——民法（債権関係）改正論議（3）

社会・経済の変化への対応

第七章に掲げた、民法（債権関係）見直しの諸問からすれば、やはり「社会・経済の変化への対応」ということが、民法改正の主要な理由になるのであろう。

つまり、「この間に、我が国の社会・経済は、通信手段や輸送手段が高度に発達し、市場のグローバル化が進展したこと等、著しく変化しており、債権関係の諸規定についてもこの変化に対応させる必要がある」という説明の部分をどう法改正に結びつけるか、というところである。そしてそこでは、社会のどういう層のニーズを取り込むかという大きな問題がある。

「先取り」と「時期尚早」

たとえば、先に論じたなかから電子化対応の例を挙げれば、債権譲渡の対抗要件についての改正論議がある。債権譲渡の第三者対抗要件は、現行の民法典では、ひとつひとつ債務者に確定日付のある通知をする（あるいは同様に債務者からの承諾をもらう）ことになっていて、法人が債権譲渡を資金調達のために大量におこなう場合には、それをひとつの磁気ファイル（ＵＳＢメモリなど）に入れて法務局のコンピューターに登記すればよいという特例法ができていることはすでにお話しした。そうすると、債権法改正においてもっとも未来志向型・取引重視型の提案としては、特例法の登記の規定を民法に入れ、それだけではなく通知・承諾をなくしてすべて（法人だけではなく個人のする債権譲渡まで）対抗要件を登記に一元化するという案があった。

たしかに、特例法のルールをこの際民法に書き込む、という提案までは、それなりの合理性があろう。けれど、現時点でこの数年先までを考えた場合に、通知・承諾をなくして登記に一元化するという提案は、我が国の社会にとっての最適改正と言えるだろうか。

たとえば、企業の法務部の人たちは、二種類の手段がひとつにまとまるなら調査や処理が楽だ、という理由で賛成するかもしれない。けれども、ことは民法であるから、親族間の単発の債権譲渡でも、登記に一元化したら、現在は近くの郵便局でできる通知が、法務局で登記をしなければならなくなる。しかも、いまのところ一回の登記費用は七五〇〇円（債権五〇〇〇個以下の場合。二〇一二年現在）で、一度の内容証明郵便での通知（文書の長さにもよるが）の約三倍かかる。一度の登記で何千個の債権の譲渡記録ができるのだから安いものだというのは、そういう大量譲渡をする企業などが言えることであって、一個の債権の譲渡でも登記せざるをえないというのであれば、高くつくのは疑いない。

さらに言えば、肝心なことは料金の話ではない。債権譲渡契約の基本は、譲渡人と譲受人の二者ででき、債務者にはそれを後で認識させればよい、というところにある。したがって、通知・承諾という対抗要件は、(情報が債務者に集まるので)何よりも知らないところで譲渡される債務者の保護になっている、という利点があるし、また承諾という対抗要件には、債務者が譲渡に積極的にかかわる要素を残すという取引上のメリットがある(債務者が譲渡を承諾してくれているのだから安心してこの債権を担保として譲り受けて融資をしてやろう、という場合が現実にある)。そういう取引実務上のさまざまな要素がどう変わるかを十分に検討したうえでなければ、登記だけにするという制度変更を簡単に採用するわけにはいかないだろう。

付け加えると、個人の譲渡登記までをコンピューター処理するためには、本来、国民全員のコード化、つまりいわゆる個人番号制度が確立しなければならない。この個人番号制度は、現在、「共通番号制度」として税や医療の分野で議論されているものであるが、こういうことを考えると、この登記一元化の改正は、法制審議会だけで提案できることの域を超えていると思われる。

私はかつて、自分の論文で、将来の登記一元化の可能性を書いたことがあるのだが、それは、あくまでも各家庭から簡単にパソコンで登記簿にアクセスできるような時代が来れば、という前提で書いていた。少なくとも、それはこの数年とは思えない。こういうものは、少し長い目で検討をつづけるべきであろう。

利害対立と力関係——債権譲渡禁止特約の問題

さらに、社会・経済の変化への対応といっても、立場が違えば完全に利害が対立することがたくさんある。企業と消費者、などというのはわかりやすいが、同じ企業同士でも、大企業と中小企業ではまったく利益が反する場合がある。

同じ債権譲渡でいえば、現在の民法は、債権の譲渡性を広く認めながら、当事者の合意で**譲渡禁止特約**もつけられるとしている（民法四六六条②項）。そうすると、中小企業が、先にも述べた、債権譲渡担保で資金調達をする際には、対象となる債権に譲渡禁止特約がついていることは大きな阻害要因になる。ところが、大企業の側は、力関係もあって、単なる売掛債権の場合であっても、支払先が変わると事務処理が面倒だというような理由で、この禁止特約をつける（弱い立場の納入企業側はそれをのまざるをえない）ということがかなりの頻度でおこなわれているのである。

それでは債権譲渡担保やいわゆる債権流動化のために、譲渡禁止特約の有効性を法律で否定してしまえばいい（実際、アメリカ合衆国の統一商事法典などは、そうしている）という議論が強くなるのだが、たとえば銀行預金債権などは、銀行がそれを担保に融資をすることが一般的であるため、譲渡禁止特約が付されることが通例であり、また合理性もある。そうすると、すべての債権について一律に譲渡禁止特約を排除するのも難しいことになる。

そんなわけで、この債権譲渡禁止特約の問題は、民法（債権関係）改正の一大論点となっているのである。

保証をめぐる二つの正反対の提案

さて、第一章で、人生をめちゃくちゃにする可能性がある保証の話を書いて、だから民法はいわば人生の必修科目として学んでおかなければならないと説いた。その保証は、この民法（債権関係）改正でどうなるのだろうか。じつは、社会・経済への対応という意味でも、この保証の問題は観点がひじょうに多様であり、二〇一二年秋の段階では、まだ最終的にどうなるのかはっきりしない。けれども、ここまでの議論を見ると、とにかく市民が知っておかなければいけない状況がいろいろとありそうである。

二〇一二年現在進行中の民法（債権関係）改正の議論では、消費者団体などからは、連帯保証制度によりいっそうの制限をかけることが望まれ、政党の一部からは、連帯保証廃止の議論がされ、弁護士会からは個人保証を廃止する方向の提案まで出ているのだが、一方で、企業取引や国際取引を重視する学者グループからは、じつは正反対の提案も出されている。つまり、法制審議会の部会にも多くのメンバーを送り込んでいる学者グループの当初の提案では、まったく逆の、連帯保証を実質的に保証の原則形態と考え、複数の保証人がいる場合は、すべて連帯保証と見て、分別の利益は廃止する、という提案さえされているのである。

後者の提案は、理論的にはもちろんありうる提案ではあるが、現代日本社会にとっての最適改正という観点を提案者はどう考えているのか、という疑問がわくところである。たしかに、統計的には現在は普通の保証より連帯保証が圧倒的に多く使われているし、債権者にとっての債権の担保力は連帯保証のほうが強力で便利なのは言うまでもない。しかしだからと言って、そういう取引活動の効率の観点だけから民法を見て新しい制度を構築しようとするのは、かなり問題ではなかろうか。

催告の抗弁と検索の抗弁

さらに、現在の民法の規定では、第一章で触れたように、普通の保証人には、まず本人に請求してくれと言える「催告の抗弁」と、まず債務者の財産から強制執行をかけてほしいという「検索の抗弁」という二つの規定が置かれているのだが、学者グループの一部には、催告の抗弁については、単に若干の時間稼ぎにすぎないのだから（つまり、一度主たる債務者のほうに請求してくれと言えるだけで、債権者はそれをやったらまた保証人のところに戻ってきて請求するだけだから)、廃止してかまわないという意見もあった。

合理的に考えればそのとおりかもしれないが、一度断れる機会が保障されているということは、市民にとってどれだけ心強いことか。実際、断っておいて専門家に相談する、という行動もとれる。こういうことは、学理的な発想からは無視されてしまうのか。つまり、こういう局面で、一般の市民が今回の民法改正に無関心でいることは、かなり危険なことではないかと私は感じているのである。

連帯保証の廃止提案を考える

たしかに、中小企業向けの融資に、経営者以外の親族や知人を連帯保証人にするということは、これまで慣行のようにおこなわれていた。それで、企業と経営者が返済できなくなって、連帯保証人がそのまま全額の借金を支払わされることになり、自己破産や自殺に追い込まれるといったケースが問題となったのである。

そこで、民主党は、二〇〇九年の衆議院選挙と二〇一〇年の参議院選挙のマニフェストに、連帯保証人制度の廃止を含めた見直しを明記した。また金融庁は、二〇一〇年一二月に公表した、成長戦略に向けた行動計画のなかに、経営者以外の第三者による連帯保証の見直しを盛り込み、さらに二〇一一年一一月には金融検査マニュアル（金融機関に対する監督指針）を改正して、第三者による個人連帯保証については原則求めないこととせよとした。つまり、社長が自分の経営する会社の債務を保証するのは、いわば自己責任であって、認めてもよいが、経営者以外の第三者が個人保証をすることはやめさせようというのである。

金融取引への影響

これらは、一見良策と思える。しかしながら、ではその方向でしっかり民法を改正してよいのか、というとまた話は別なのである。そこに法改正（ことに民法という基本法の改正）の難しさがある。

ここでまた、民法と金融取引の関係を考えていただきたい。たとえば、民法が連帯保証の制度を全面的に廃止するとどうなるか。おそらく、保証の取れない（そして他の土地建物などの物的担保もすでに抵当権などが設定されていて新たに設定できない）金融機関は、担保がないのだから、信用力のない零細企業や個人事業者への融資を今よりもさらに控えることになろう。金融をさらに閉塞化する事態が起こりかねないのである。

それに、民法は基本法だから、大企業のする保証取引などにも適用される。企業間の債務の保証については、一定のニーズがあるだろう。だから単純に連帯保証の全面廃止などということはできないのである。そうすると、特別法で別のルールを作るというやり方も考える必要があろう。民法のなかですべて対処しようとすると、この人たちには適用されるがこの会社には適用がない、というような複雑なルールを基本法に書くことになる。それから、経営者以外の第三者保証を制限するのは、たしかにひとつの作戦なのだが、たとえば小さな企業で、配偶者が名前だけの取締役になっている場合などはどうするのかなど、どこまで実際の運用がうまくできるのかという懸念の声もある。

金融のあり方自体を再考すべき

したがって、連帯保証の制度をすべて廃止するのはいささか暴論としても、こういう見方はできないだろうか。そもそも個人が他人の債務を保証するという担保手段を取って資金調達をするという状況が、資金調達手法としてどれだけの評価を得るものなのか。少なくとも、自分が経営している会社の債務について経営者が保証をするという構図は、一種の自己責任であるが、親族なり友人なりという立場で他人(他の法人)の債務を保証するという金融のあり方それ自体が適切なものかを再考すべきではないのだろうか。

従来の我が国の中小企業の資金調達は、不動産担保と個人保証が中心となってきた。しかし、中小企業、ことに零細な企業は、もともと所有不動産に限りがある。そこに評価額いっぱいに抵当権を設定すれば、それ以外に担保がない、ということで個人保証に頼ってきた。しかし、保証をそういうふうに使うこと自体、発想を改めるべきではないだろうか。

先にも述べたように（第五章）、今日では、中小企業の企業活動から生まれる流動資産、つまり売掛金や在庫動産を担保に資金調達をする手法（動産・債権担保融資とかＡＢＬと呼ばれる）が開発され、発展してきている。そのような、不動産担保と個人保証から脱却する試みが、大いに検討され、広く採用されていくべきであろう。

もっとも、一種の自己責任、と呼んだ経営者の個人保証のケースも、零細企業の場合には、他の調達手段がなくやむにやまれず保証をつける、というケースも当然すぐになくなるわけではない。たとえばそのような場合については、自己責任と突き放さずになお一定の保護を図る必要もあるのではないかとの意見も根強い。このように見てくると、この保証規定の改正については、学者や専門家が審議会で議論を重ねるだけでは足りず、広く金融の現場をリサーチして、改正した場合の影響を勘案することが肝要と思われる。

経営者のモラル・ハザード

一方で、この問題には、法律論以外の考察も必要である。二〇一二年六月の段階で、民主党の一部からは、前掲の経営者保証廃止のマニフェストの実現を求める声が強まっているという新聞報道もあったが、これはまた、金融機関側からは短絡的な議論として反論されている。

つまり、廃止論者は、「中小企業の七五パーセントは金融機関から融資を受けるにあたって経営者本人の個人保証を付しており、これが経営者のチャレンジ精神を失わせ、企業再生を阻害している」(報道されたある議員の主張)というのだが、全面的に経営者保証を禁止すると、今度は、経営者が、自分の身には責任追及が及ばないのだからという気持ちから、誠実な経営努力をしなくなり、安易に倒産に向かうケースが増える恐れがある(こういうものを、モラル・ハザードという)。だから、たとえば融資をする側にしてみれば、被融資者に経営に適正な責任感を持ってもらうには、経営者保証があったほうがいいという意見が出るのである。この意見には相当に説得力がある。このように、民法ことに債権法を考えるについては、人びとの経済行動に対する十分な考察が必要不可欠なのである。

停止条件付きの連帯保証という概念

しかし右のような保証の問題点を考慮して、取引の現場では、民法改正を待たずに、いくつかの工夫が考えられている。たとえば、中小企業の経営者保証について、融資のためにやむをえずに徴求するという必要性と、個人保証の危険性の減少の要請とを二つながら勘案して、提唱され実施されているのが、「停止条件付きの連帯保証」という概念である。これは、現代の中小企業の資金調達に、かなり大きな影響を与えるものと思われる。

誓約(コベナンツ)条項の活用

まず、若干の民法的な説明をしておくと、「**条件**」というのも民法総則に規定されている概念であって、「もし○○大学に合格したら」とか、「もし大学で落第したら」というような、将来の、発生するかどうか不確実な事実を「条件」という(これに対して、今度雨が降ったら、というように、時期は不確定ではあるが必ず到来するものは「条件」ではなく「**期限**」というものになる)。そして、条件成就の時まで効力が停止されるものを**停止条件**、条件成就によって効力がなくなるものを**解除条件**という。たとえば、「○○大学に合格したらこのペンをあげる」というのは停止条件付贈与契約であり、「このペンをあげるが大学で落第したら返してもらう」というのは、解除条件付贈与契約ということになる。

そこで、この停止条件を、経営者の保証契約に付けるのである。具体的にはどうするかというと、金融機関は企業への融資に当たって経営者の保証を取りつけるのだが、その際に、会社の財務データ等を提出させ、それが真正であることを表明させ、今後も金融機関の求めに応じて必要な財務データ等を提出することなどを誓約させる。そして、それらが真実でありまたその後も正しく遵守されていれば、仮に企業経営が悪化して負債の返済ができなくなっても、金融機関は経営者の保証責任を追及しないことにする。

つまり、保証契約は結ばれるのだが、「表明し誓約した条項についての嘘や違反が生じる」ことを停止条件としておき、停止条件が成就するまでは保証債務は発効しない——個人保証はそれまで追及されない——こととするのである〈中村廉平《れんぺい》氏〈商工中金〉の提唱による〉。

こうすることによって、実際には会社経営が難しくなって債務が弁済できなくなっても、嘘をつかず誠実に財務データ等を提供し、まっとうに経営に努力していた経営者は、個人の財産まで取り上げられることはなくなる、というわけである。言葉を換えて言えば、融資をする金融機関側でも、融資時に経営者の個人保証を徴求はするが、その経営者が嘘をつかずまっとうに努力していたのであれば、破綻時にもその保証債務の請求はしない、という意思を表明することになる。

こういう実務上の工夫は、時間のかかる法改正よりも迅速に問題解消に役立てることができるものであり、実際二〇一二年の段階ですでに一定の利用実績があると聞く。

もちろん、このような当事者自治による規制策は、学説の支援や判例のお墨付きがあって確実なものと認知されていく。この停止条件付連帯保証の場合は、右のような契約条項（表明・保証条項とか、コベナンツ〈誓約〉条項などと呼ばれるもの）の研究の進展によって効力が確実なものとなっていくであろう（ちなみに、**コベナンツ条項**というのは、当事者が契約書のなかで、ああします、こうしません、などと約束するものである。英語のcovenantsであり、本当はカタカナで書くならカヴナンツとでもすべきものであるが、我が国の実務では、どうもローマ字読み的な表現で広まりつつある）。

法改正が万能か

こうしてみると、この保証の問題の改善には、法制審議会の民法（債権関係）部会での立法論以外に、中小企業庁（経済産業省）や金融庁などで対応策を研究したりすることも有用であると思われ、逆に言えば、法制審議会部会で対処しきれる問題なのか、という疑問も生じるところである。いずれにしても、法制審議会部会では、保証人の保護の拡充策や、経営者以外の第三者の保証契約を無効にする案を上手に作ることなど、ともかく方向性を間違わない改正審議を十分に時間をかけてしてほしいものである。

第一〇章　民法改正と国際競争力

国際競争のための民法改正?

最近、「日本の民法は国際的に遅れている」「債権法を改正するのは、日本の国際競争力を強めるために必要だ」などという議論がされることがある。これは、政府の「日本再生戦略」(二〇一二年七月三一日閣議決定)の「アジア太平洋経済戦略」という項目に付属する工程表にも、「民法(債権関係)の改正による契約ルールの透明性確保」として出てくるのであるが(そして皮肉なことに債権法改正は同再生戦略の本文中では一切言及がなく、工程表にもこの一行しか出てこない)、一般の市民にとってはひじょうにわかりにくい話である。一国の民法をなぜ国際競争のために変える必要があるのだろうか。

あらかじめ言っておこう。「民法(債権法)を国際競争のために変える必要がある」という意見は、少しは当たっていると思われるが、少なくとも、それを改正の主たる理由とするのは的外れである。「日本の民法は国際的に遅れている」というのも、何をもってそう言うのか、しっかり吟味する必要がある。

優秀な民法は準拠法になるか?

国際競争のために民法を作り直すべきという意見の骨子は、いくつかある。その第一はこうである。国際的な取引をする（日本の企業が海外の企業と契約をする）場合には、準拠法といって、その契約がどこの国の法律によって規律されるかを基本的にその契約のなかで当事者が決定しておく（これは本書第二章で説明した）。したがって、日本が新しい優れた民法（ことに契約関係を含む債権法）を作れば、国際取引において日本民法が準拠法として採用され、日本の企業が紛争解決の場面などで有利になる、というのである。そして、現在の日本民法は、多くの判例法理などで補充されているので、民法典そのものだけでは紛争解決の基準としてわかりにくい。したがって、たくさんのルールを民法典に書き込んで、外部からの可視性（予測可能性）を高めれば、採用されやすくなる、というのである。

けれども、国際契約の現場にいる実務家の意見を集約すると、どうもこの議論自体がいささか筋が違うようである。第一に、取引の現場では、契約交渉にあたる当事者の力関係で準拠法も決定される。したがって、日本が仮にひじょうに進んだ債権法を制定しても、それで日本民法が国際契約の準拠法として多く採用されるとは考えられない、というのである。どうもこの批判はかなり説得的なようである。また、「より明確で外部からの予測可能性が高められた民法を作ることは国際的にみて良いことである」とは言えても、どう考えてもそれが民法を大改正する主たる理由にはなりえない、というのがやはり動かしがたいところではなかろうか。

日本のプレゼンスを高めるためにすべきこと

さらに、日本がアジアをリードする民法典を作って、それをアジア各国に輸出する、という国際戦略のために民法（債権法）を改正すべきだ、という意見がある。しかしこれにはもっと疑問がある。

この意見は、日本のルールが国際取引、ことにアジア諸国での取引の標準ルールとなれば、日本の企業にとっていろいろと有利である、ということを念頭に置いているもののようである。けれどもこの意見に対しては、まず、あなたはそういう意図で一国の民法典を作り直そうとするのですか、そもそもあなたの考える民法典というものは、そういう、国際取引を律することが主である「国際取引法」なのですか、という疑問を提示したい。

そして、その意味での国際競争を、民法改正の領域でおこなおうとすることが正しいのか、ということも考えていただきたい。国際競争力というのであれば、それよりも、現在の日本の取引法関係の全法律を外国語に翻訳したデータベースを作るなど、日本法を世界に認識させる努力をすることや、今後の国際取引関係の条約作りに積極的に関与し、それらにおいて国際的なリーダーシップを取れる人的・資金的体制作りをするほうが、ずっと重要なのではないかという気がするのである。

ちなみに私は、一九九二年から一九九三年にかけて、外務省の「日欧学者交流計画」というものによってフランス国立東洋言語文明大学（かつてのパリ大学東洋語学校）で半年間招聘教授として教壇に立ち、「日本の契約社会入門」という講義をしたことがあるのだが、その折に「外国のことを勉強しに行く学者には一銭も出せないが、日本のことを教えに行く学者にはこういう機会がある」と言われて応募したものである。その交流計画は三年の限定のものだったようだが、ああいう「日本を外国に知らしめる」ための人的資源の提供は、どんどん継続・拡大すべきではないだろうか。

さらに加えて、私は、後に述べるように、自分がカンボジアなどで経験したことから、「それぞれの国にそれぞれの民法」という考え方がもっとも大切だと思っているのであるが、そういう考え方からすると、民法ルールの輸出を国際戦略にして、日本のプレゼンスを高める、という発想それ自体にかなり問題があるということを指摘しておきたい。

「それぞれの国にそれぞれの民法」

くれぐれも誤解のないように述べておきたいのだが、私はここで、いわゆるアジア諸国への立法支援活動などを否定しようというのではない。逆に、日本政府や日本の学者たちが、ベトナムやカンボジア、ラオスなどでおこなってきた立法支援活動には、ひじょうに意義のある貴いこととして、もろ手を挙げて賛意を表したい。

けれども、そこでもっとも大切なのは、まさに、「それぞれの国にそれぞれの民法」、そして「それぞれの国民にそれぞれの民法」という考え方なのである。それぞれの国がその国民のために最適な民法典を作る、そのお手伝いをすることが大切なのであって、日本の民法典の内容をそれらの国に押しつけるようなことは、もっとも戒めなければならないことであろうと私は考えている。

カンボジアで考えたこと

私は、日本政府やその外郭団体の実施している公的な立法支援活動に参加したことはない。けれども、二〇〇〇年から、日本の弁護士さんたちの作る任意団体「日本・カンボジア法律家の会」がおこなっている法学教育支援活動に加わって、四回にわたってカンボジアを訪れ、私の民法教科書のクメール語版の贈呈式と記念講演をおこない、またその折にプノンペン大学（王立法経大学）などで民法の授業をした経験を持っている。

不幸な内戦で多くの人命が失われたカンボジアでは、一時、大学で法学を教えるスタッフも、教科書も足りない、という状態になった。そこで、過去にフランス法がおこなわれていた関係から（カンボジアとベトナムは、かつての仏領インドシナである）、かなりの程度親和性のある日本民法の教科書を使って、法律学の学習に役に立てていただこうというのが、この弁護士さんたちのグループの発想であった。そこで、故中山研一《なかやまけんいち》博士（当時京都大学名誉教授）の刑法の教科書と私の民法の入門書（『民法への招待』税務経理協会）が翻訳の対象に選ばれたのである。

「民法研究の友人」

二〇〇〇年暮れに私の民法教科書のクメール語訳第一分冊ができ、プノンペン王立法経大学の講堂ではじめての翻訳書贈呈式と記念講演をした折には、カンボジアの司法大臣、教育大臣、在カンボジア日本大使の列席があって、国を挙げての復興のために私たちの活動を歓迎してくれていることを実感したのだが、学生諸君も本当に情報に飢えているという感じで、食い入るような目で聴講してくれた。

その当時、首都プノンペン市内にはまだ道路に信号がなく、郊外の小学校を訪問した際には、鉛筆や消しゴムを持ってきてあげればよかったと悔やむような状態だったが、数年おきに訪問するごとに復興は急速に進み、鉛筆と消しゴムなどと考えたのがすぐに恥ずかしくなるような状況になった。

そしてすでに二〇〇二年の二度目の記念講演では、一年少し前に何もわからずに講演を聞いていた学生さんが、立派なレベルの質問をしてくれた。

これらの体験は、私に強い印象と、貴重な示唆を与えてくれたのである。つまり、国際的な支援は、上からの目線で「してやる」ものと考えていたらひじょうに不遜《ふそん》かつ不適切である、ということである。

そして、二〇〇八年に訪問したときには、カンボジアでは日本の支援による民法典ができあがったところであった。できあがった、といっても、政治組織の完備の具合や市民間の契約慣行の整備の様子からして、民法が実際に施行されて順調に機能するようになるにはまだ数年の時間がかかるのではないかという感じはしたものの、私は講演で民法典の制定を祝い、「これからは皆さんは我々と民法研究の友人になる」という言葉で結んだものである。実際、その後民法の施行に関する法律の整備に手間取ったこともあって、カンボジア民法典の運用開始は二〇一一年の暮れまで延びたが、今後のすみやかな浸透が期待される。

少し、自分の狭い経験にばかり寄りかかった記述をしたかもしれない。ただ、以前私は、中村哲《なかむらてつ》氏というアフガニスタンで医療活動をしていたお医者さんが、「『国際化』の致命的な欠陥は、下から上を見る視点の欠落である」と書いているのを目にしたことがある（中村哲『辺境で診る辺境から見る』石風社）。その時、同氏の献身的な活動に敬意を表するとともに、専門は違っても、抑えておくべきポイントは同じなのではないかと思った次第である。

何のための国際化か、それによって恩恵を受けるべき人は誰なのか、という観点を見失ってはならない。

先進的なブラジルの消費者法

もうひとつの経験談を付け加えれば、私は、ブラジルを何度も訪れたことがある。サンパウロ大学での、移民九〇周年、一〇〇周年のシンポジウムや、出稼ぎ問題のシンポジウムなどに出席したのである。日系の人びとは、移民以来、本当によく努力され、二世・三世・四世には、ブラジルの人口比からいうと、高等教育を受ける人びとの数が多いことがデータではっきりと示されているという。法曹界でも、サンパウロ州の最高裁判事などを輩出している。けれども、日本への出稼ぎについては、エンプレイテーラという仲介業者との契約の問題にはじまり、日本での就業や子女の教育の問題等、日伯両国で検討すべき法律問題が多数あるのである。

ブラジルという国は、広大で肥沃な国土と豊かな資源に恵まれた、潜在能力のひじょうに高い大国である。滞在し各地をたずねるとそれを実感する。もっとも、貧富の差は大きいし、サンパウロ市内でも地区によって旅行者の一人歩きは危険とされる。さて、この国が、じつは比較法的に見るとひじょうに進んだ国であることは、一般にはほとんど知られていないだろう。民法に関しても、フランス法とドイツ法の両方の影響を受けていることで、我が国の議論との比較の意味は大きいのだが、ことに消費者法の分野では、世界の水準から見て（もちろん日本よりも）ひじょうに先進的な内容の法規を持っているといわれる。

そういう意味で、学者のあいだでは他国から関心を持たれ、敬意を払われる面があることはたしかである。もちろん、ブラジルの立法に携わる法学者や役所の方々も、ブラジルの国と市民にとっての最適な立法を心掛けておられるはずである。ただ、本書ですでに述べたように、法律が社会の習俗や取引形態をリードするのか、社会が法律を作らしめていくのか、という問題がここにもあるということは指摘できよう。

国際競争と、足元を見ること

つまり、私が言いたいことは、つぎのようなことである。国際的に見て「優れた」と評価される民法を持つことは、もちろんたいへん結構なことである。しかし、学問的に最先端ということが、すなわち「優れた」ということではないと私は考えている。現代の我が国の市民とその活動を最適に補佐できる民法が「優れた」民法なのである。

それに加えて、背伸びするばかりでなく、足元を見る必要がある。全面的に見直すのだからこの際将来を見据えて考える、というのはもちろん悪いことではない。けれども、次章でも詳論するが、現在の日本民法典が、諸外国の民法典とくらべて、「遅れているところ」があれば、それを今次の改正によって改良するということが当然、最重要課題としてしっかりおこなわれなければならない。一番遅れているのが明瞭なのは、諸外国の民法典とくらべて「あるべき規定がない」というところであろう。まずそういう規定の洗い出しから入るべきと私は思うのである。

国際的な契約ルール統一の動き

さて、もういちど翻って、第七章に掲げた、法務大臣の民法（債権関係）見直しの諮問の内容を思い出してみよう。そこには、本章でいうところの国際競争には一言も触れられていない。そして、検討の対象については、「国民の日常生活や経済活動にかかわりの深い契約に関する規定を中心に見直しを行う必要があると思われる」とされている。

では、なぜ「契約に関する規定を中心に」なのか。「国民の日常生活」のほうでは正直のところひじょうに困っていて大々的な改正をすべきという点はあまり見当たらないとすれば、「経済活動」のほうで、国際的な取引が大企業を中心に増えているから、ということがひとつの理由にはなるだろう。

その出発点に立って、（国際競争の話は抜きにして）国際的な立法動向を見ると、世界では（とりわけヨーロッパ諸国では）各国のあいだで契約法を統一しようとする動きがあることはすでに述べた。日本が世界のなかでも七一番目とたいへん遅れを取って加入したウィーン売買条約（略称ＣＩＳＧ）の話は第二章で掲げたところであるが、ローマに本部がある私法統一国際協会（ＵＮＩＤＲＯＩＴ）は、国際商事契約原則（ＰＩＣＣ、一九九四年、二〇〇四年、二〇一〇年）というものを提示し、これらの影響も受けて、欧州委員会は共通ヨーロッパ売買法（ＣＥＳＬ、二〇一一年）を提案し、ヨーロッパの学者らの集まりは、ヨーロッパ契約法原則（ＰＥＣＬ、一九九五年、一九九六年、二〇〇一年）というモデル契約法の提案や、ヨーロッパ私法のための共通参照枠草案（ＤＣＦＲ、二〇〇九年）という統一案を提示したりしている。そこでは、**英米法**と**大陸法**（大陸法とは、フランス、ドイツなどヨーロッパ大陸の、いわゆる六法などの法典を持つ法体系を指し、判例法中心の英米法と比較される。日本も大陸法の国に属する）の融合も意識されているようである。

そうすると、ヨーロッパでのこのような議論もまだ進行中なのではあるが（そして、EU諸国間で国際契約をする頻度・状況と我が国のそれは決して同一ではないのであるが)、日本もこういうものを参考に、それらと食い違わないような契約関係の規定を考える、ということ自体は、(現実にそれらに合わせる改正を今するかどうかは別にして)大いにやっておいていいはずであるといえる。

契約に関する規定を中心とした改正

そもそも何を直すかを決めずにはじめた見直しの議論である。諮問の原点に帰れば、国際的な観点を問題にするのは、そういう契約ルールの比較の部分を中心として、今後の改正の議論の参考にするもの、とあらためて位置づけるべきではないだろうか。

さらにいえば、諮問のいう「契約に関する規定を中心に」という表現をその通りにとって、改正案作りを本来の「契約法」の部分を中心に収束させるのも一つの考え方であろう。契約に「関する」ことだからといって、具体的な改正作業を債権法全体に(さらにその周辺領域に)大々的に広げること自体が、筋が違うような気がするところである。くりかえすが、改正案を作る作業と、改正案を作るための準備作業とは、しっかりと仕分けがされなければならない。

結章　日本民法典の未来と市民の未来

あるべきなのにない規定

　ここまでの民法（債権関係）改正審議は、債権関係の部分のすべてを見直す、という趣旨の作業であったように思われる。けれども、それはじつは立法作業の前段の作業であって、立法作業とは、どの部分をどう直すか、どう直す必要があるか、ということを、現実の紛争のあり方から考えて取捨選択し、その選び出したものを、実務への影響等も鑑《かんが》みながら新しいルールとして磨き上げていく、というものであろう。そうすると、やるべきことはしっかりやる、世界基準から遅れているところはしっかり作る、作り直す必要のないところは将来の課題とする、という仕分けが、何よりも重要な課題となるはずである。

　その意味でいえば、前章に述べたように、全体を作り直す検討よりも、現在、あるべき規定が置かれていないところに規定を置くという作業が、もっとも優先されるべきだろうと思う。

債務引受と契約上の地位の移転

　たとえば、「債務引受」と「契約上の地位の移転（譲渡）」という分野がある。簡単にいうとこれは、本書第五章で説明した債権譲渡の後につづくもので、債権を他人に譲渡することができるのであれば、債務を他人に移転する(引き受けさせる)こともできるはずであるし、債権も債務も含めた、契約の当事者の地位をそのまま他人に移転する契約をすることもできるはずである、というところから現代では広くおこなわれるようになったものである。そしてこれらは、第二次世界大戦後に改正された各国の民法典にはほぼことごとく規定がある。

近隣の諸国の民法でいえば、韓国民法(一九五八年)には債務引受の規定があるし、中国には契約法(一九九九年、中国語では「合同法」)のなかに債務引受と契約上の地位の移転の両方の規定がある。しかし、日本民法典にはどちらも規定がない。もちろん、我が国の判例・学説はこれらができることを認めている。

じつは昔々、ローマ法の初期の時代には、そもそも債権は債権者と債務者を結ぶ法の鎖であるなどといって、債権者が自由に譲渡することが認められていなかった。これはそのころからの流れを引きずっている話なのである。ローマ法の後期以降、債権の自由な譲渡性が認められ、近代民法ではどこもそれは疑わないことになった。しかし、債務まで自由に他人に移転させることを認めるわけにはいかない、というわけで、フランス民法では債権譲渡しか規定が置かれなかった(もちろん今日のフランスでは債務引受や契約上の地位の譲渡も認められているが)。日本民法典は、この時代の条文構成を引き継いでいるのである。

しかしその後、債務引受については、もちろん債務者が勝手に（資力の違う）第三者に債務を移転させることはできないが、債権者の承諾があれば有効とするなど、いくつかの考え方で広く認められるようになっていく。そこでドイツ民法は債務引受まで規定し、その影響を受けた韓国民法では、債務引受の規定を置いたというわけである。

さらに、イタリアやポルトガルなど、第二次世界大戦後に新しくできた（あるいは全面的に作り直された）各国の民法典の多くは、もっと進んで、契約上の地位の移転（「契約譲渡」）の規定までを持っている、というわけである（なお、イタリアの場合は一九四二年であるので、正確に言うと大戦中になる）。

過払金返還訴訟

そんなことを言われても、これらの規定が必要なのかどうか、ピンとこないという読者の皆さんのために、ひとつごく最近の身近な話をしよう。たとえば債務引受は、大企業から多数の納入企業への支払いを、代行会社が一括して引き受けるなどというやり方で使われることもあるのだが、そんな難しい話は置いておいて、市民の借金の話である。

過払金返還訴訟、というのを聞いたことがあるだろうか。簡単に言うと、いわゆるサラリーマン金融などで、貸金業者から借金をしていた人たちが、判例によって（その後法律も変わって）、利息を払いすぎていたことになり、それを業者に返してくれという訴訟を起こすという話である。これがここ数年、全国的にひじょうにたくさん提起された。現在では法律が変わって、従来一定の範囲で許されていた高利での貸付けができなくなったので、これからは減っていくと思われるが、訴えればまず勝てる、ということで、特定の訴訟を担当できる司法書士の人たちにとっても、扱う仕事のなかのかなりの量を占めるという時期もあったと聞く。

さて、そのような訴訟を起こされる貸金業者のほうでは、廃業したり、親会社に事業譲渡したり吸収合併されるなどというケースも出てきた。もちろん、やむにやまれずそういう方策を採るわけであり、業者側の論理にも耳を傾けなければならない点もあるが、債務引受や契約上の地位の移転の話がここで出てくるのである。

「債務引受はしていない」と言えるか

つまり、Ｙという貸金業者に過払金返還を請求したい借主Ｘがいるとして、「Ｙは親会社Ｚに事業譲渡をします、したがって、Ｘさんの貸金契約関係は、Ｚに引き継がれますので了解してください」という通知があったとする（この部分は、ＹＺのあいだでは事業譲渡ということだが、Xから見ればYとの契約がZとの契約に替わる、契約上の地位の移転契約ということになるはずである)。そのZが、我々はYのXに対する現存する貸金債権の関係だけを引き継いだ(つまり債権譲渡を受けた)のであって、YのXに対する過去の過払金返還債務は引き継いでいません(つまり債務引受はしていません)と主張する、という話なのである。

このケースについては、すでに最高裁の判例が出ており、決着がついたとされているのであるが(おおまかにいうと、吸収合併ならば包括的な契約関係の承継移転が認められるのだが、事業譲渡の場合は、YZ間の事業譲渡契約の中身によって何が引き継がれるかの結論が決まるとされ、Zの主張が認められたケースがある)、私には必ずしもそうは思えないので(問題のポイントは借主Xと新貸主Z間の契約の内容がどうだったかにもあるのではないだろうか)、今後も研究がつづけられるべきと考えているが、ここでは結論の是非よりも、債務引受などの規定が必要な理由を書いておこう。

条文があるとないとでは

現在の日本民法では、条文がないので、債務引受も、契約上の地位の移転も、訴訟になった場合は、いわゆる契約自由の観点から、そういう契約の解釈や評価の問題として扱われる。そうすると、多くの場合は、事実認定、事実評価の問題となる。さて、日本の裁判では、（簡易裁判所が使われる訴訟もあるが）地方裁判所、高等裁判所、最高裁判所、という三審制でおこなわれることはよくご存じと思う。ただし最高裁判所に上告するためには、それ相当の理由がないと受理されない。その受理申立ての代表的な理由が、「法令の解釈に違法がある」というものである（その他、最高裁判所の判例に反していることも申立て理由になる。民事訴訟法三一八条）。

つまり、高等裁判所までの下級審は、事実審といって、事実を法律にあてはめて判断するものであるが、最高裁は、法律審といって、一般的には事実の評価はせず、高等裁判所までのその法律のあてはめに間違いがあったかどうかを判定するところなのである。したがって、右のような紛争事案では、債務引受や契約上の地位の移転に条文があれば、ストレートにその規定が「法令の解釈適用の違法」として上告受理申立て理由の根拠として使われることになると考えられるのである。

賃貸人の地位の移転——大家さんが代わったら

右には、現代市民の社会的な関心を考えて、過払金返還請求というかなり特殊な例を挙げたが、現在、民法上に規定のない「契約上の地位の移転（契約譲渡）」という問題は、おそらく近い将来に民法上の何本かの指に入る、重要課題になると思われる。それをやさしく説明しておきたい。

伝統的に考えられてきた契約上の地位の移転は、不動産の賃貸借契約における、貸主の交代である。土地の賃貸借なら、地主の地位の移転、建物の賃貸借なら、大家の地位の移転である（先に見た、賃借権の無断譲渡・転貸は、借りる側の地位の移転であるが、ここでは反対の、貸す側の地位の移転である）。じつはこの問題は、かつては比較的簡単に考えられてきた。

どういうことかというと、①債権の譲渡なら、支払う債務者の了解がなくても、債務者の不利益はあまりない（当初の期日に払うべきものを払うだけ。ただし民法はそれでも債務者の保護のために譲渡禁止の特約ができることを定めている）、②これに対して債務の引受けだと、支払いをすべき債務者の資力が変わるのは債権者にとって大問題なので、債権者の同意が必要である。③契約上の地位の移転（契約譲渡）は、債権も債務も移転するので、①と②をあわせ考えると、相手方の同意がいる（これが契約上の地位の移転の原則）。④けれども賃貸人の地位の移転の場合は、賃借人が追い出されることがないのであれば、賃借人は同じ賃料を払いつづければいいだけなので、不動産の所有権にいわば賃貸人の地位がくっついていく、と考えて、賃借人の同意は不要とする（いわば例外）、という論理だったのである。

複雑化する地位の移転

ところが、高度化した現代社会では、話は複雑になる。たとえば、①ビルの所有者Dは、Eにビルを売却した。けれどもEはビル経営のノウハウを持っていない。そこでDにそのまま賃貸人の地位を残して、ビル経営をしてもらうことにしたい。そういう当事者のニーズは今日当然存在する。（しかしこのような合意については、ビル賃借人の地位が不利になる可能性があるとして認めない最高裁判所判決があるので、議論のあるところだが）もしこういう合意を認めるとすると、所有者の地位に賃貸人の地位がくっついていく、という理論に固執するのはおかしいことになる。②ビルの所有者Aが、資金調達のために、先に説明した将来債権譲渡を使って、向こう五年間のビルの賃料債権を譲渡担保にしてBから資金を借り入れたとする。つまりその賃料収入で、Bに借金を返す作戦だったわけである。しかし、三年後にビル所有者Aはそのビルを別のCに売却してしまった。この場合に、残り二年間の賃料債権は誰のものか。将来債権譲渡の契約が有効ならBのものになるはずだし、賃貸人の地位は所有者にくっついていくしそもそも賃料を取れるのは所有者のはずだ、というならばCのものになる。

現在では、こういう問題がいろいろと出てきているのである。賃貸人の地位の移転（譲渡）も、契約上の地位の移転（譲渡）の一般論のほうで検討すべき要素が増えてきたのではないかと考えられる。そして、一般的な契約上の地位の移転（譲渡）については、企業間の業務の移転や承継などの問題とからめて、検討すべき事例が増えてくるのは明瞭である。

というわけで、こういうところに条文がないと、すべて合意の有効性というレベルで判断しなければならないことになるし、契約上の地位の移転がいつされたのか、などという問題について、対抗要件の条文がないと、債権譲渡の対抗要件の条文を借りてくるなどの処理をせざるをえなくなるがそれでいいのか、などと疑問点が生じ、民法が現実の紛争解決に十分な機能を果たせないことになってしまうのである。

現代日本社会にとっての最適改正へ

私は、債権法改正論議については、基本的に是々非々の立場であるが、こういうところに規定を入れるのがまず第一、というのが私の考え方である。現在の法制審議会では、債務引受にも契約上の地位の移転にもとりあえずの規定を置くことは提案されているようであるが、これらの分野については、審議時間がかなり少なく、しかも審議されている事項が偏っているように感じられるのがいささか心配である。

先にも述べたように、この時期に、現行の民法典を見直し、再検討する作業がおこなわれるのはたいへん良いことである。その成り行きがどうなるかはまだはっきりしないが、とにかく、見直すことと改正立法をすることはまったく別の作業であろうから、一通りの見直しができた後は、そのなかから何を、いつ、改正の実行に移すか、ということが別途検討されなければならないはずである。

もちろんその際には、「現代日本社会にとっての最適な改正」ということが第一義的に想定され、そして、働く市民から大企業までのさまざまなニーズと利害関係が、さまざまな角度から十分に検討されなければならないと思う。

日本市民の成長と将来像——civilisation とは

さて、そろそろこの小書の結びをする段階になったようである。

皆さんは、civilization という言葉をご存じだろうと思う。カタカナで書けば、英語でシヴィリゼーション、フランス語では綴りがちょっと変わって civilisation シヴィリザシオンである。そして中学の英語では、この訳語を「文明」と習ったのではないだろうか。

ここでは、以下フランス語の civilisation で話を進めよう。

パリ第四大学、いわゆるソルボンヌの、外国人向けのフランス語講座は、Cours de civilisation française という名称であり、日本では一般にこれを「フランス文明講座」とか「ソルボンヌ文明講座」と訳している。私は一九七八年にパリに留学して、一時期この講座に通ったことがあるが、その時は名称の意味がわかっていなかった。

民法典は、序章でも触れたように、フランス語で Code civil という。市民の法典という意味なのであるが、フランス語で civiliser という動詞は、もともと「(未開の人を)教化する」という意味である。話し言葉では、人に行儀を教えるとか、あかぬけさせる、(態度などに)みがきをかける、などという意味で使われることもある。つまり、「フランス文明講座」とは、よく言えばフランス語をはじめとしたフランス風の文化教養を身に付けさせるものであり、悪く言えば、未開の人をフランス風に教化する授業、という意味になるのである。

そこで、私はこの言葉の現代的な意味での「civiliser された市民」というものを、なかなか日本語では一言で言い表せないのだが、「十分な判断力と、他者と社会に対する思いやりを持ち、自己決定、自己責任の態度を取りきれる市民」として想定したいと思うのである。

民法典の市民法としての位置づけ

つまり私の言いたいことは、こうである。現代の民法典Code civilというものは、civiliserされた人びとが形成する市民社会société civile（これは「大衆社会」という意味ではなく、民主主義の国家体制のなかで市民が形成し活動する社会という意味で用いよう）の基本原理として働く法である。そして、かつては大衆をciviliserする一部の為政者なり啓蒙家がいて、それらの人たちがsociété civileの形成をいわば指導した。したがって、近代史の初めにおいては、民法典Code civilは、一部の人が大衆に「与える」法という側面がやはりあったのであろう。けれども、二一世紀の今日では、我が国の一般市民は、すでに十分にciviliserされているはずである。それならば、これからは、一般市民が自分たちで主体的に民法を作らなければいけないはずであろう。

そして、さらに言えば、この情報化・国際化され、ボーダーレスとなった世界では、どこの国の人びとであっても、何らかの蹉跌《さてつ》があって一時的に遅れを取ることはあっても、あらゆる面で、ごくごく短時間で追いつくことができる状況にある。それゆえ、立法支援といっても、それは、すぐに肩を並べることができる外国の人びとに対する「一時的なお手伝い」にすぎないと思うべきなのである。立法支援に一番必要なのは、「敬意」であろうと私は思う。

市民の「民法作り」への参加

以上の考察から、我が国の債権法改正論議などに関して私が強く思うのは、今だからこそ、一人でも多くの市民が、自分たちの法を作るという意識で、この作業に何らかのかたちで「参加」することが重要なのではないか、ということである。もちろん、参加して自分たちの利益だけを主張するのはciviliserされた市民のすることではない。時代が変わっても、ボワソナードや福澤諭吉が説いていた、「他人を害しないようにしながら自由を享受する」というのが、民法の最大の命題であることに変わりはないのである。

いずれにしても、この本を読んで、「民法はこういう規定にしてほしい」と思った皆さんは、これから先にあるであろう、意見公募（パブリックコメント）の機会に、法務省に意見を書き送ることによって、民法作りに参加することができる。一般にパブリックコメントは、法律の中間試案などが公表された機会に、その法律の所轄官庁によって実施される。民法であれば、法務省のホームページからその情報にアクセスすることができる。「市民目線」から「市民参加」へ、道は開けているのである。

以上、本書では、歴史と市民文化（市民目線）を座標軸に、民法というものを探究してきた。そこから浮かび上がってきたことは、民法の成長は、まさに市民社会というものの成長（そしてそれを構成する一人ひとりの市民の成長）にかかる、ということである。

　今こそ、真の意味で、自立し成熟した市民による、市民のための民法が考えられる時代になったといえるのではなかろうか。

あとがき

本書を書き上げて思うのは、はしがきに書いたアイザック・スターン氏のことである。「ここを聴いてください、どうですか、音楽って、こんなにいいものなのですよ、バイオリンはこれだけすばらしいものなのですよ」と、自信たっぷりに全身で聴衆を魅了した同氏は、あの名演奏の後、楽屋に帰ってどうしたか。

汗を拭き、着替えて、「お疲れ様」と颯爽《さっそう》と翌日の演奏会場に向かったか。いや、素敵なレストランで関係者とシャンパンを楽しみ、軽い食事をとってホテルに向かったかもしれない。たぶん、表向きはそんなことをしたのだろう。

けれども、じつは、楽屋で着替えながらも頭の中で、弾き終えたばかりの全曲のスコアを思い浮かべて、あそこはもっとこうしたらよかった、こうできたはずだ、などと瞬時におさらいをしていたのではないだろうか。

世界の超一流のプロというものは、おそらくそういうものだろうと思う。だから、後を追う者たちは努力してもなかなか追いつけないのである。

でも、アイザック・スターン氏はこう言うのではないだろうか。「難しいことはいいですよ、好きではじめたことなら、好きなように、楽しくおやりなさい」と。

世界の名手に比肩すべくもない、分野違いの一学者でも、自分の専門分野への愛着は誰にも負けないつもりである。好きな民法を、少しでも多くの人に面白いと思い、好きになってもらえたら、それでよしとしなければならないと思う。

読み切っていただいて、ありがとうございました。

講談社現代新書　2186

民法《みんぽう》はおもしろい

二〇一二年一二月二〇日第一刷発行　二〇二五年四月二日第九刷発行

著者　池田真朗《いけだまさお》

発行者　篠木和久
発行所　株式会社講談社
東京都文京区音羽二丁目一二―二一　郵便番号一一二―八〇〇一
電話　〇三―五三九五―三五二一　編集（現代新書）
〇三―五三九五―五八一七　販売
〇三―五三九五―三六一五　業務
装幀者　中島英樹
印刷所　株式会社KPSプロダクツ
製本所　株式会社KPSプロダクツ
定価はカバーに表示してあります　Printed in Japan

N.D.C. 324　254p　18cm
ISBN978-4-06-288186-9

「講談社現代新書」の刊行にあたって

教養は万人が身をもって養い創造すべきものであって、一部の専門家の占有物として、ただ一方的に人々の手もとに配布され伝達されうるものではありません。

しかし、不幸にしてわが国の現状では、教養の重要な養いとなるべき書物は、ほとんど講壇からの天下りや単なる解説に終始し、知識技術を真剣に希求する青少年・学生・一般民衆の根本的な疑問や興味は、けっして十分に答えられ、解きほぐされ、手引きされることがありません。万人の内奥から発した真正の教養への芽ばえが、こうして放置され、むなしく滅びさる運命にゆだねられているのです。

このことは、中・高校だけで教育をおわる人々の成長をはばんでいるだけでなく、大学に進んだり、インテリと目されたりする人々の精神力の健康さえもむしばみ、わが国の文化の実質をまことに脆弱なものにしています。単なる博識以上の根強い思索力・判断力、および確かな技術にささえられた教養を必要とする日本の将来にとって、これは真剣に憂慮されなければならない事態であるといわなければなりません。

わたしたちの「講談社現代新書」は、この事態の克服を意図して計画されたものです。これによってわたしたちは、講壇からの天下りでもなく、単なる解説書でもない、もっぱら万人の魂に生ずる初発的かつ根本的な問題をとらえ、掘り起こし、手引きし、しかも最新の知識への展望を万人に確立させる書物を、新しく世の中に送り出したいと念願しています。

わたしたちは、創業以来民衆を対象とする啓蒙の仕事に専心してきた講談社にとって、これこそもっともふさわしい課題であり、伝統ある出版社としての義務でもあると考えているのです。

一九六四年四月　野間省一